音视频普及版

国学传世经典 名师导读丛书

史记

【汉】司马迁◎著

总主编 胡大雷

主编 王娟

漓江出版社

图书在版编目（CIP）数据

史记 /（汉）司马迁著；胡大雷总主编. -- 桂林：漓江出版社，2023.1
（国学传世经典名师导读丛书）
ISBN 978-7-5407-9227-5

Ⅰ. ①史… Ⅱ. ①司… ②胡… Ⅲ. ①中国历史-古代史-纪传体 Ⅳ. ①K204.2

中国版本图书馆 CIP 数据核字(2022)第 186114 号

史记　SHIJI

作　　者　【汉】司马迁　著
总 主 编　胡大雷
主　　编　王　娟

出 版 人　刘迪才
策划统筹　林晓鸿　陈植武
责任编辑　林晓鸿
助理编辑　秦　灵
装帧设计　林晓鸿
责任校对　徐　明
责任监印　杨　东

出版发行　漓江出版社有限公司
社　　址　广西桂林市南环路 22 号
邮　　编　541002
发行电话　010-65699511　0773-2583322
传　　真　010-85891290　0773-2582200
邮购热线　0773-2582200
网　　址　www.lijiangbooks.com
微信公众号　lijiangpress

印　　制　河北赛文印刷有限公司
开　　本　710mm×1000mm　1/16
印　　张　13
字　　数　187 千字
版　　次　2023 年 1 月第 1 版
印　　次　2023 年 1 月第 1 次印刷
书　　号　ISBN 978-7-5407-9227-5
定　　价　36.80 元

前言

胡大雷

古今中外都说“上学读书”。读什么书？其中之一就是读国学经典。习近平总书记说：“实现中国梦必须走中国道路、弘扬中国精神、凝聚中国力量。”中国精神，体现在中国人的行为实践中，也体现在国学经典里。国学经典集中传统文化的精华，把古往今来中国人的行为实践概括为语言文字，凝聚为学术知识。

从国学经典里，我们可以读到什么、学到什么？

第一，我们学到了中国人治国理政的作为、做人做事的规范。古代的“经书”“垂世立教”，就是用以传承的治国理政的纲要，读“经书”，就是要懂得做人的规范，比如《论语》倡导的“仁礼孝德”“温良恭俭让”等。做人要诚己刑物，以自己的真诚去匡正社会。

第二，我们坚定了以爱国主义为核心的民族精神，以此凝聚与铸牢中华民族共同体意识。《春秋》讲“大一统”，所谓“六合同风，九州共贯”；司马迁《史记》讲“大一统”，“大一统”是贯穿中华民族爱国主义精神的一条红线，成为中华民族的精神基因。从《诗经》到屈原的《离骚》，从杜甫的诗句中，从文天祥的《正气歌》、林则徐等人的作品中，我们看到国学经典中有着怎样的对国家民族的期望。爱国主义精神又体现在“天下兴亡，匹夫有责”的名言以及范仲淹“先天下之忧而忧，后天下之乐而乐”的豪言壮语中。

第三，我们读到了中国人的智慧。老子《道德经》说：“上善若水，水善利万物而不争。”而且如此智慧的语言又体现在执行能力上，习近平总书记就提出，领导者要有老子《道德经》所说“治大国如烹小鲜”的态度。“穷则独善其身，达则兼济天下。”儒道两家为人处世的智慧体现在其中。《庄子》讲“无以人灭天，无以故灭命”，教导我们要与自然相适应；讲“言者所以在意，得意而忘言”，昭示我们要探究事物更深层面的道理。墨子讲

“言有三表”，指明判断真理的几大标准。孟子讲“说诗者不以文害辞，不以辞害志”，讲“知人论世”，以智慧去实施文学批评。这些都值得当代人借鉴。

第四，我们读到了中国人建设美好家园的奋斗精神。孔子称“大道之行也，天下为公。选贤与能，讲信修睦”为人类的理想世界；陶渊明《桃花源记》描摹的桃花源。国学经典中多有对理想社会的叙写，但更多的则是告诉我们如何通过奋斗来实现生活的目标，如“愚公移山”。习近平总书记指出：“我们要立下愚公移山志，咬定目标、苦干实干，坚决打赢脱贫攻坚战。”“让我们大力弘扬愚公移山精神，大力弘扬将革命进行到底精神，在中国和世界进步的历史潮流中，坚定不移把我们的事业不断推向前进，直至光辉的彼岸。”这些重要论述，赋予传统文化中的奋斗精神以新的时代内涵。

第五，我们得到了文学的享受。国学经典各有文体，它们尽显各自的风采。从语言格式来说，古老《诗经》的四言、《楚辞》的“兮”字体，又有五言、七言及其律化，曲词的长短句，无所不用，只求尽兴尽情。除诗以外，文分散、骈，不拘一格，无不朗朗上口，贴切合心。从表达功能来说，或抒情，或说理，或叙事，读者赏心悦目，便是上乘之作。

我们是中华民族的传人，一呱呱落地，就接受着传统文化的阳光雨露；我们每一个中国人，无论老幼，无论从事什么职业，都应该善于学习，多读国学经典。中华文化是我们的精神家园，国学经典是我们精神家园的文本载体。今天，我们读国学经典，就是树立做一个中国人的根本，就是为了传承中华优秀传统文化，令其生生不已，并赋予新的时代内涵。

为了帮助广大读者学习和阅读国学经典，强化记忆，编者精心选编了这套国学经典丛书，设置导读、注释、译文、点评、拓展阅读、学海拾贝等版块，对原著进行分析解读，并在每本书附加60分钟的音视频画面，范读内容均为经典段落、格言警句及诗词赏析。本套书参考引用了历代学者或今人的研究成果，未能详细列出，在此特别说明，并对众多国学研究者的辛勤劳动致以谢忱！

书路领航

作者简介

司马迁，字子长，西汉夏阳（今陕西韩城，一说山西河津）人，中国古代伟大的史学家、文学家。他撰写的《史记》被公认为中国史书的典范，他被后世尊称为史迁、太史公、历史之父，更被尊称为“史圣”。

司马迁具体的生卒年已不可考，其生于一个史官家庭，其父司马谈为太史令。司马谈学识渊博，曾“学官于唐都，受易于杨何，习道论于黄子”，司马迁受到了良好的教育，并在父亲的熏陶下形成了对史书的兴趣，有着丰富的知识。

早年的司马迁在故乡过着贫苦的生活，十岁开始读古书，学习认真刻苦，遇到疑难问题总是反复思考，直到弄明白为止。

二十岁那年，司马迁从长安出发，到各地游历，足迹遍布大江南北。之后，他迁为郎中，多次奉命西征巴蜀等地。二十五岁时，他又以使者监军的身份，出使西南夷，担负起在西南设郡的任务，足迹遍及邛、莋、昆明等地。回到长安后，司马迁多次同汉武帝外出巡游，到过很多地方。三十五岁那年，汉武帝派他出使云南、四川、贵州等地。他了解到很多地方少数民族风土人情。游历让司马迁增长了见识，并从这些地方收集到许多著名人物流传下来的事迹，这为他日后撰写《史记》打下了坚实的基础。

汉武帝元封元年（公元前 110 年）司马谈去世，三年之后，司马迁承袭父职，任太史令，同时也继承父亲遗志，准备撰写一部通史。

公元前104年，司马迁与天文学家唐都等人共订《太初历》。同年，开始动手编著《史记》。公元前99年，李陵出击匈奴，兵败投降，汉武帝大怒。司马迁为李陵辩护，得罪了汉武帝，获罪被捕，被判宫刑。为了完成父亲遗愿——写一部像《春秋》一样伟大的书留与后人，司马迁忍辱受刑。

公元前96年，司马迁获赦出狱，做了中书令，掌握皇帝的文书机要。他发愤著书，全力写作《史记》，大约在五十五岁那年终于完成了全书的撰写和修改工作。

司马迁最大的贡献是创作了中国第一部纪传体通史《史记》，开创了一种全新的撰述历史的方式。而且，司马迁客观真实的记述，为后代修史人立下了公正的榜样；其对人物生动真实的刻画也反映出了一个文学性的史学家的风采；其富含感情，富含深刻的批判性的结论性记述反映了一个事件之外的观察者的清醒头脑。因此，《史记》不仅被后世认为是一部史书，更是一部叙事性非常强的文学著作。鲁迅先生称之为“史家之绝唱，无韵之《离骚》”，司马迁也因此被认为是一位杰出的文学家。因为《史记》在史书中的历史地位，司马迁与宋朝的司马光并称“史界两司马”。

同时，司马迁也是汉代有名的赋作家，相传其著有八篇赋，但现今大多已经遗失，只有《悲士不遇赋》流传至今。另外，《报任安书》也是一篇有很高文学成就的名篇，这是他写给入狱的好友任安的一封回信，信中抒发了对自己不幸遭遇的巨大愤慨，同时更难能可贵地阐述了为完成心中的伟大志向，必须以强大的意志力忍受这种痛苦的观点。作者最后取得的成就也就是这封回信描述的内容的真实写照——司马迁最终完成《史记》这一伟大著作。司马迁因为杰出的赋作，与西汉的司马相如合称为“文章西汉两司马”。除此之外，司马迁对星象学的研究也非常深入，被认为是汉朝星象学第一人。

创作背景

要说《史记》的创作背景，一定要说到“命子迁”。如果没有“命子迁”，可能就没有《史记》。“命子迁”就是司马谈对司马迁的临终嘱托。司马谈曾任太史令，其职责便是记载史事、编写史书，兼管典籍、天文历法、祭祀等，他平生最大的愿望就是写出一部历史著作，可惜壮志未酬便与世长辞。他在弥留之际嘱咐儿子司马迁一定要继承祖先的事业，撰写一部贯通古今的通史。司马谈遗命中强烈的修史愿望和著述历史的理想深深地影响着司马迁，成为司马迁日后撰写史书的指南和精神动力。

司马迁之前一系列“读万卷书，行万里路”的准备，就是为了著史而做。父亲去世后，司马迁继任太史令，四处走访，遍查古籍，搜集资料，做撰写史书的准备，到获罪入狱时，他已经写了五年的史书。司马迁有着独特的人格，他在生命的关键时刻做出了自己的选择。当其他人大骂李陵时，他坚持说出自己所相信的是非；被处以最侮辱的宫刑，他决定为了将《史记》写完而忍辱活下来。最终，司马迁不负父亲之临终遗训，以孝立志，写成了千古流传的《史记》，完成了父亲的遗志。

之所以让司马谈和司马迁如此执着于史书的撰写，是因为，在司马迁的史书诞生之前，中国并没有一部完整记录历史的文献。人们了解过往历史，更多的是依靠传闻和片段记载，不仅零散，而且说法不一。世代任史官的司马一族，对著史有着极强的使命感。

而司马迁依靠家世的积累、大汉帝国所提供的建设基础、年少时展开的壮游、对历史遗迹的考察，还有担任太史令能得到的文献资料，获得了成为一位史家的准备。

出狱后的司马迁继续全身心地投入《史记》的创作中。公元前 91 年，历时 14 年之后，这部“究天人之际，通古今之变，成一家之言”的伟大著作终于完成。多年以后，司马迁的外孙杨恽上书汉宣帝，将《史记》献了出来，至此，这部不朽的史学著作出现在世人的眼前。

内容提要

《史记》，又称为《太史公书》或《太史公记》，清晰而完整地记载了从上古传说中的黄帝时期，到汉武帝元狩元年，长达三千多年的历史，位列“二十五史”之首。

《史记》全书共一百三十篇，包括十二本纪、三十世家、七十列传、十表、八书，共五十二万六千五百字。其中本纪和列传是主体。本纪是全书提纲，按年、月、日记述帝王的言行政绩；世家记述子孙世袭的王侯封国史迹和特别重要的人物事迹；列传是帝王诸侯以外其他各方面代表人物的生平事迹和少数民族的传记；表是大事年表，即用表格简列世系、人物和史事；书则记述制度发展，涉及礼乐制度、天文律法、社会经济、河渠地理等诸方面内容。整部书通过这五种不同的体例，相互结合，相互补充，构成了一个完整的体系。

本书选取了《五帝本纪》《项羽本纪》《高祖本纪》《孔子世家》《陈涉世家》《廉颇蔺相如列传》《淮阴侯列传》等十三篇中的精彩内容，分别介绍了项羽、刘邦、孔子、陈胜、廉颇、蔺相如、韩信等著名历史人物的故事。可以从中一窥《史记》的风貌，同时丰富历史知识，更重要的是可以以史为镜，探寻社会发展的规律和国家兴亡的经验、教训，在人生道路上找到前进的方向。还可以透过本书去接近、体会一颗伟大的心灵，去认识司马迁这个人，了解他的思想、他的人格，他对于什么是历史所提出来的观点，他对于史学家任务与角色的执着态度。

目录

CONTENTS

五帝本纪

名师导读

《五帝本纪》是《史记》全书的开篇，记载了远古传说中被后人尊为帝王的五个部落联盟首领——黄帝、颛顼、帝喾、尧、舜的事迹。本文节选了黄帝、尧、舜的事迹，讲述了帝王事业由黄帝开创，由尧、舜发扬光大，将三代贤君圣主的形象刻画得栩栩如生。

【原文】

黄帝者，少典[①]之子[②]，姓公孙，名曰轩辕。生而神灵，弱[③]而能言，幼而徇（xùn）齐，长而敦敏，成而聪明。

轩辕之时，神农氏[④]世衰，诸侯相侵伐，暴虐百姓，而神农氏弗能征。于是轩辕乃习[⑤]用干戈，以征不享，诸侯咸[⑥]来宾从。而蚩尤最为暴，莫能伐。炎帝欲侵陵诸侯，诸侯咸归轩辕。轩辕乃修德振[⑦]兵，治五气，蓺[⑧]五种[⑨]，抚万民，度[⑩]四方，教熊罴（pí）貔（pí）貅（xiū）貙（chū）虎，以与炎帝战于阪（bǎn）泉之野。三战，然后得其志。蚩尤作乱，不用帝命。于是黄帝乃征师诸侯，与蚩尤战于涿鹿之野，遂禽杀蚩尤。而诸侯咸尊轩辕为天子，代神农氏，是为黄帝。天下有不顺者，黄帝从而征之，平者去之，披[⑪]山通道，未尝宁居。

扫码看视频

【注释】

①少典：古时侯的部落名称。

②子：指后代。

③弱：此指出生不久。

④神农氏：姜姓，称炎帝。传说中农业和医药的发明者。

⑤习：演习，操练。

⑥咸：都。

⑦振：整顿。

⑧蓺（yì）：古“艺”字，种植。

⑨五种：五谷。指黍、稷、菽、麦、稻，泛称农作物。

⑩度：丈量。

⑪披：打开。

【译文】

黄帝，是少典部族的后代，姓公孙，名为轩辕。他刚生下来就十分有灵性，出生不久就会说话，幼年时聪明伶俐，长大后诚实勤劳，成年后见闻广博。

轩辕时代，神农氏的后代已经衰弱，各方诸侯互相攻伐，祸害百姓，而神农氏无力征讨他们。于是轩辕厉兵秣马，去征讨那些不来朝贡的诸侯，由此各方诸侯归服于他。而诸侯中属蚩尤最为凶暴，没有人能去征伐他。炎帝又想要侵犯欺压其他诸侯，那些诸侯都来归顺轩辕。轩辕于是修行德业，整顿军旅，钻研四时节气变化，种植五谷，安抚民众，丈量四方的土地，训练熊、罴、貔、貅、貙、虎等猛兽，与炎帝交战于阪泉的郊野。先后打了三仗，才最终如愿征服炎帝，取得了胜利。蚩尤发动叛乱，不听从黄帝之命。于是黄帝征调诸侯的军队，在涿鹿郊野与蚩尤作战，最终擒获并杀死了蚩尤。由此，诸侯都尊奉轩辕做天子，取代了神农氏，这就是黄帝。天下有不愿意归顺的，黄帝就带兵去征讨，平定一个地方后就离去，一路上劈山开道，从来没有在什么地方安宁地居住过。

【原文】

东至于海，登丸山，及岱宗①。西至于空桐，登鸡头。南至于江，登熊、湘。北逐荤粥②，合符釜山，而邑于涿鹿之阿。迁徙往来无常处，以师兵为营卫。官名皆以云命，为云师。置左右大监，监于万国。万国和，而鬼神山川封禅与为多焉。获宝鼎，迎日推筴③。举风后、力牧、常先、大鸿以治民。顺天地之纪④，幽明之占，死生之说，存亡之难。时播百谷草木，淳化⑤鸟兽虫蛾，旁罗日月星辰水波土石金玉，劳勤心力耳目，节用⑥水火材物。有土德之瑞，故号黄帝。

黄帝二十五子，其得姓者十四人。

黄帝居轩辕之丘⑦，而娶于西陵之女，是为嫘（léi）祖。嫘祖为黄帝正妃，生二子，其后皆有天下：其一曰玄嚣，是为青阳，青阳降居江水；其二曰昌意，降居若水。昌意娶蜀山氏女，曰昌仆，生高阳，高阳有圣德焉。黄帝崩，葬桥山。

【注释】

①岱宗：泰山。

②荤（xūn）粥（yù）：我国古代北方的一个民族。

③迎日推筴（cè）：观察天象的时候推算马上要到来的季节、时日等。

④天地之纪：指天地四时的规律。

⑤淳化：驯养。

⑥节用：有节度地使用。

⑦轩辕之丘：史传为黄帝的出生以及建都之地，故因以为名，又以为号。

【译文】

黄帝向东到达海边，登上丸山、泰山。向西到达空桐，登上鸡头山。向南到达长江，登上熊山、湘山。向北驱逐了荤粥部族，与诸侯在釜山合验符契，在涿鹿的山脚下建立都邑。黄帝四处迁徙，没有固定的居处，带兵走到哪里，就在哪里设置军营以自卫。百官的官职都以云来命名，军队也号称云师。他设置了左右大监，用以监察各诸侯国。这时，各诸侯国空前和顺，因此，自古以来，祭祀鬼神山川最多的就是黄帝时期。黄帝获得上天赐给的宝鼎，于是观测太阳的运行，用占卜用的蓍草推算历法，预测节气日辰。他任用风后、力牧、常先、大鸿等治理民众。黄帝顺应天地四时的规律，推测阴阳之变，解说生死之理，论述存亡之因；按照四时播种百谷草木，驯养鸟兽虫豸，测定日月星辰以确定历法，获取土石金玉以供民用，勤劳自己的心智耳目，有节度地使用水、火、木材等自然产物。他当天子时有土这种属性的祥瑞征兆，土色黄，故此号称黄帝。

黄帝共有二十五子，其中十四人建立了自己的姓氏。

黄帝居住在轩辕山，娶了西陵国的女儿为妻，这就是嫘祖。嫘祖为黄帝的正妃，生了两个儿子，两人的后代都领有天下：一个叫玄嚣，也就是青阳，青阳被封为诸侯，降居在江水；另一个叫昌意，也被封为诸侯，降居在若水。昌意娶了蜀山氏的女儿，名昌仆，生有高阳，高阳有圣人之德。黄帝逝世后，葬于桥山。

【原文】

扫码看视频

帝尧者，放勋。其仁如天，其知如神。就之如日，望之如云。富而不骄，贵而不舒[①]。黄收[②]纯[③]衣，彤车乘白马，能明驯德，以亲九族。九族既睦，便章百姓。百姓昭明，合和万国。

乃命羲、和，敬顺昊天，数法日月星辰，敬授民时。分命羲仲，居郁夷，曰旸谷。敬道日出，便[④]程东作。日中，星鸟，以殷[⑤]中春。其民析[⑥]，鸟兽字微[⑦]。申命羲叔，居南交。便程南为，敬致[⑧]。日永，星火，以正中夏。其民因，鸟兽希革[⑨]。申命和仲，居西土，曰昧谷。敬道日入，便程西成[⑩]。夜中，星虚，以正中秋。其民夷易，鸟兽毛毨[⑪]。申命和叔，居北方，曰幽都。便在伏物。日短，星昴，以正中冬。其民燠，鸟兽氄[⑫]毛。岁三百六十六日，以闰月正四时。信饬百官，众功皆兴。

尧曰："谁可顺此事？"放齐曰："嗣子[⑬]丹朱开明。"尧曰："吁！顽凶，不用。"尧又曰："谁可者？"讙兜曰："共工旁聚[⑭]布[⑮]功，可用。"尧曰："共工善言，其用僻，似恭漫天，不可。"尧又曰："嗟，四岳，汤汤洪水滔天，浩浩怀山襄陵，下民其忧，有能使治者？"皆曰鲧（gǔn）可。尧曰："鲧负命毁族，不可。"岳曰："异哉，试不可用而已。"尧于是听岳用鲧。九岁，功用[⑯]不成。

尧曰："嗟！四岳：朕在位七十载，汝能庸命[⑰]，践朕位？"岳应曰："鄙德忝帝位。"尧曰："悉

举贵戚[18]及疏远隐匿者。”众皆言于尧曰：“有矜在民间，曰虞舜。”尧曰：“然，朕闻之。其何如？”岳曰：“盲者子。父顽，母嚚[19]，弟傲，能和以孝，烝烝治，不至奸。”尧曰：“吾其试哉。”于是尧妻之二女，观其德于二女。舜饬下二女于妫汭，如妇礼。尧善之，乃使舜慎和五典，五典能从。乃遍入百官，百官时序。宾于四门，四门穆穆[20]，诸侯远方宾客皆敬。尧使舜入山林川泽，暴风雷雨，舜行不迷。尧以为圣，召舜曰：“女[21]谋事至而言可绩，三年矣。女登帝位。”舜让于德不怿。正月上日，舜受终于文祖。

【注释】

①舒：简慢。

②收：冠冕。

③纯：疑当作“缁”，黑色。

④便：同“辨”。

⑤殷：正，定。

⑥析：分，分散。指分散劳作。

⑦字微：孳尾，鸟兽交尾繁殖。

⑧敬致：古时候每年夏至、冬至举行的祭奠太阳的礼仪。

⑨希革：夏天鸟兽毛羽稀少。

⑩西成：指秋天收成。

⑪毨（xiǎn）：鸟兽毛羽齐整貌。

⑫氄（rǒng）：鸟兽贴近皮肤的细软绒毛。

⑬嗣子：作为继承人的嫡长子的称谓。现在泛指嫡长子。

⑭旁聚：指广泛聚集民众。旁，广泛。

⑮布：显露，显示。

⑯功用：功业。

⑰庸命：顺应天命。庸，同“用”。

⑱贵戚：同姓的人。这里指远近的人。

⑲嚚（yín）：愚蠢而顽固。

⑳穆穆：庄敬和悦的样子。

㉑女：通“汝”，你。

【译文】

帝尧，就是放勋。他的仁德像天一样浩大，他的智慧仿佛神明一般。人们像追随太阳那样追随他，像盼望云彩那样盼望他。他富有却不骄傲，尊贵却不简慢。他戴着黄色的冠冕，穿着黑色的衣服，乘着朱红色的车，驾着白马。他尊敬有善德的人，让同族九代都相亲相爱。九族和睦之后，他又明确了百官的职责。百官的政绩显著之后，四方诸侯全都和睦融洽。

于是帝尧命令羲、和，恭敬地顺应上天，依据日月星辰的轨迹制定历法，把时令谨慎地教给民众。发布命令让羲仲住在郁夷一个叫作旸谷的地方，恭敬地迎接日出，分辨春耕的日程。白昼跟黑夜一样长，朱雀七宿中的星宿黄昏时在正南方出现，据此确定春分的日子。此时民众分散劳作，鸟兽交尾繁殖。又命令羲叔住在南交，谨慎地预报夏季耕耘的日子，谨慎地举行祭祀。一年之中白昼最长的日子，苍龙七宿中的心宿（又称大火）黄昏时在正南方出现，据此确定夏至。此时民众在高处居住，鸟兽毛羽稀疏。又命令和仲住在西土的一个叫作昧谷的地方，恭敬地送别太阳，审慎地安排秋收的日子。黑夜与白昼的时间一样长，玄武七宿中的虚宿黄昏时在正南方出现，据此确定秋分的日子。此时，民众搬到平地上居住，鸟兽的毛羽整齐鲜洁。又命令和叔住在北方一个叫作幽都的地方，谨慎地安排谷物的储藏。一年中白昼最短的日子，白虎七宿中的昴宿黄昏时在正南方出现，据此确定冬至的日子。此时，民众在屋里取暖，鸟兽的毛羽变得又厚又软。一年有三百六十六天，用闰月将四季调整准确。帝尧整顿百官，各项事业兴旺发达。

尧说："谁能继承我的事业？"放齐说："嫡长子丹朱通达事理。"尧说："哼，丹朱吗？他为人愚顽、凶恶，不能用。"尧又问道："还有谁能继位？"讙兜说："共工广泛地聚集民众，卓有业绩，能用。"尧说："共工喜欢说漂亮话，心术不正，貌似恭敬，欺瞒上天，不能用。"尧又问："唉，四岳啊，现在洪水滔天，浩浩汤汤，包围了高山，漫上了丘陵，民众愁苦异常，能派谁去治理呢？"众人都说鲧可以去。尧说："鲧违背天命，毁败同族，不能用。"四岳都说："就用他试试吧，如果不行，再撤掉也无妨。"尧于是听从了四岳的建议，任用了鲧。鲧治水九年，没有丝毫成效。

尧说："唉，四岳，我已在位七十年，你们谁能顺应天命，继承我的帝位？"四岳回答："我们的德行都十分鄙陋，不敢玷污帝位。"尧说："那就从所有同姓异姓、远近大臣及隐居者当中举荐吧。"众人都对尧说："有位单身汉流寓在民间，叫虞舜。"尧说："对，我听说过他，此人怎么样？"四岳回答："他是盲人之子。他的父亲愚昧，母亲顽固，弟弟傲慢，但舜却能跟他们和睦相处，尽孝悌之道，把家治理好，使他们不曾走向邪恶。"尧说："那我就试试他吧。"于是尧将两个女儿许配给舜，通过两个女儿观察他的德行。舜让她们降下尊贵之心搬到了妫河边的家中居住，以恪守为妇之道。尧认为此举甚好，就任命舜试任司徒之职，谨慎地理顺父义、母慈、兄友、弟恭、子孝这五种伦理道德，民众都一一遵从。尧又让他参与百官之事，百官之事因此变得井然有序。于是又让他在明堂四门接待宾客，四门皆和和睦睦，从远方来的诸侯宾客都恭敬有加。尧又令舜进入山野丛林、大川草泽，即使遭遇暴风雷雨，舜也没有迷失方向、耽误办事。尧认为他聪明非凡，德行出众，于是把他叫来说道："三年来，你做事周密，言而有信，说到做到。现在你就登临天子位吧。"舜推让说自己的德行还不够，不愿接受帝位。正月初一，舜在文祖庙接受了尧的禅让。

【原文】

舜，冀州之人也。舜耕历山，渔雷泽，陶河滨，作什器[①]于寿丘，就时[②]于负夏。舜父瞽叟顽，母嚚，弟象傲，皆欲杀舜。舜顺适不失子道，兄弟孝慈。欲杀，不可得；即求，尝在侧。

舜年二十以孝闻。三十而帝尧问可用者，四岳咸荐虞舜，曰可。于是尧乃以二女妻舜以观其内，使九男与处以观其外。舜居妫汭，内行[③]弥[④]谨。尧二女不敢以贵骄事舜亲戚，甚有妇道。尧九男皆益笃。舜耕历山，历山之人皆让畔；渔雷泽，雷泽上人皆让居；陶河滨，河滨器皆不苦窳[⑤]。一年而所居成聚[⑥]，二年成邑[⑦]，三年成都[⑧]。尧乃赐舜絺衣，与琴，为筑仓廪[⑨]，予牛羊。瞽叟尚复欲杀之，使舜上涂廪，瞽叟从下纵火焚廪。舜乃以两笠自扞[⑩]而下，去，得不死。后瞽叟又使舜穿井，舜穿井为匿空旁出[⑪]。舜既入深，瞽叟与象共下土实井，舜从匿空出，去。瞽叟、象喜，以舜为已死。象曰："本谋者象。"象与其父母分，于是曰："舜妻尧二女，与琴，象取之。牛羊仓廪予父母。"象乃止舜宫居，鼓其琴。舜往见之。象鄂[⑫]不怿，曰："我思舜正郁陶[⑬]！"舜曰："然，尔其庶[⑭]矣！"舜复事瞽叟爱弟弥谨。于是尧乃试舜五典百官，皆治。

【注释】

①什器：指各种家用器物。

②就时：做买卖。

③内行：指在族内和家中的操行。

④弥：更加，愈益。

⑤苦（gǔ）窳（yǔ）：粗劣。

⑥聚：村落。

⑦邑：小城镇。

⑧都：大都市。

⑨仓廪：存储粮食的仓库。

⑩扞（hàn）：“捍”的异体字，保卫。

⑪舜穿井为匿空旁出：意思是舜知将受害，在掘井时预先在井壁挖一空洞藏身，并从旁侧逃出。匿空，暗孔，暗道。

⑫鄂：通“愕”，惊愕。

⑬郁陶：闷闷不乐的样子。

⑭庶：差不多。

【译文】

舜，是冀州人。舜在历山耕过田，在雷泽打过鱼，在黄河岸边做过陶器，在寿丘做过各种家用器物，在负夏做过买卖。舜的父亲瞽叟愚昧，母亲顽固，弟弟象桀骜不驯，他们都想杀掉舜。舜却恭顺地行事，从不违背为子之道，友爱兄弟，孝顺父母。他们想杀掉他的时候，总找不到他；而有事要找他的时候，他又总是在身旁侍候着。

舜二十岁时，就因为孝顺出了名。三十岁时，尧帝问谁可以治理天下，四岳全都推荐虞舜，说这个人可以。于是尧把两个女儿嫁给了舜来观察他在家的德行，让九个儿子和他共处来观察他在外的为人。舜居住在妫水岸边，他在家里做事更加谨慎。尧的两个女儿不敢因为自己出身高贵就傲慢地对待舜的亲属，谨守为妇之道。尧的九个儿子也更加笃诚忠厚。舜在历山耕作，历山人都能互相推让地界；在雷泽捕鱼，雷泽的人都能推让便于捕鱼的位置；在黄河岸边烧制陶器，那里没有一件粗制滥造的陶器。一年的工夫，他住的地方就成了一个村落，两年就成了一个小城镇，三年就变成了大都市。见了这些，尧就赐给舜一套细葛布衣服，给他一张琴，为他建造仓库，还赐给他牛和羊。瞽叟仍然想杀他，让舜登高去用泥土修补谷仓，瞽叟却从下面放火焚烧。舜用两个斗笠保护自己，像长了翅膀一样跳下来逃开了，才得以不死。瞽叟又让舜挖井，舜挖井的时候，在侧壁凿出一条暗道通向外边。舜挖到深处，瞽叟和象一起往下倒土填埋水井，舜从旁边的暗道出去，又逃开了。瞽叟和象很高兴，以为舜已经死了。象说："最初出这个主意的是我。"象跟他的父母一起瓜分舜的财产，说："舜娶过来尧的两个女儿，还有尧赐给他的琴，我都要了。牛羊和谷仓都归父母吧。"象于是住在舜的屋里，弹着舜的琴。舜回来后去看望他。象非常惊愕，继而又做出闷闷不乐的样子，说："我正在想念你呢，想得我好心闷啊！"舜说："是啊，你对我差不多就是这样了！"舜还像以前一样侍奉父母，友爱兄弟，而且更加恭谨。这样尧才试着任用舜去理顺五种伦理道德和参与百官的事，舜都干得很好。

【原文】

舜入于大麓，烈风雷雨不迷，尧乃知舜之足授天下。尧老，使舜摄行天子政，巡狩。舜得举用事二十年，而尧使摄政。摄政八年而尧崩。三年丧毕，让丹朱，天下归舜。而禹、皋陶、契、后稷、伯夷、夔（kuí）、龙、倕、益、彭祖自尧时而皆举用，未有分职。于是舜乃至于文祖，谋于四岳，辟四门，明通四方耳目，命十二牧[①]论帝德，行厚德，远佞人，则蛮夷率服。舜谓四岳曰："有能奋庸美尧之事者，使居官相事？"皆曰："伯禹为司空，可美帝功。"舜曰："嗟，然！禹，汝平水土，

维是勉哉。”禹拜稽首，让于稷、契与皋陶。舜曰：“然，往矣。”舜曰：“弃，黎民始饥，汝后稷播时百谷。”舜曰：“契，百姓不亲，五品不驯，汝为司徒，而敬敷五教，在宽。”舜曰：“皋陶，蛮夷猾夏，寇贼奸轨②，汝作士，五刑有服，五服三就；五流③有度，五度三居：维明能信。”舜曰：“谁能驯予工？”皆曰垂可。于是以垂为共工。舜曰：“谁能驯予上下草木鸟兽？”皆曰益可。于是以益为朕虞。益拜稽首，让于诸臣朱虎、熊罴。舜曰：“往矣，汝谐。”遂以朱虎、熊罴为佐。舜曰：“嗟！四岳，有能典朕三礼？”皆曰伯夷可。舜曰：“嗟！伯夷，以汝为秩宗，夙夜维敬，直哉维静絜④。”伯夷让夔、龙。舜曰：“然。以夔为典乐，教稚子⑤，直而温，宽而栗，刚而毋虐，简而毋傲；诗言意，歌长言，声依永，律和声，八音能谐，毋相夺伦，神人以和。”夔曰：“於⑥！予击石拊石，百兽率舞。”舜曰：“龙，朕畏忌谗说殄伪，振惊朕众，命汝为纳言，夙夜出入朕命，惟信。”舜曰：“嗟！女二十有二人，敬哉，惟时相天事。”三岁一考功，三考绌陟，远近众功咸兴。分北三苗。

【注释】

①十二牧：古称地方长官为牧。此十二牧泛指群臣诸侯。

②轨：通“宄（guǐ）”，内乱。

③五流：刑有五种，故减刑亦有五种，用流放的方式来减五刑，故有五流。

④絜（jié）：同“洁”。指古人在祭祀之前斋戒沐浴，以表示虔敬。

⑤稚子：指天子及公卿大夫的子弟。

⑥於（wū）：文言叹词。

【译文】

舜进入高山密林，遇到暴风雷雨而不迷失方向，尧由此知道舜是足以托付天下的。尧告老时，让舜代理天子的政事，巡视天下。舜被举用当政二十年后，尧便让他代理政事。代理政事八年后，尧去世。三年丧期结束后，舜让位给尧的儿子丹朱，天下人却都归附舜。禹、皋陶、契、后稷、伯夷、夔、龙、倕、益、彭祖这些人，尧在世时都得到了任用，只是没有封邑和任命适当的官职。于是舜来到文祖庙，同四岳商议，大开四面国门，畅通言路，命令十二个地域长官评议天子的品德，（他们认为）广施恩德，疏远谄佞之人，那么，偏远的部族都会来归顺。舜对四岳说："哪一位能奋力做出成绩，发扬光大帝尧的功业，我将任命他官职，辅佐我治理天下。"四岳都说："伯禹出任司空，可以发扬光大帝尧的功业。"舜对禹说："嗯，对！禹，你来治理水土，一定要努力做好这件事啊。"禹跪拜叩头，要推让给稷、契和皋陶。舜说："还是你去吧。"舜说："弃，百姓开始闹饥荒了，你掌管农事，负责种植各种谷物。"舜说："契，老百姓之间不相亲睦，君臣、父子、夫妇、长幼、朋友五者相处，应有的道德得不到信守，你来担任司徒，细心地推行五教，宽厚待人。"舜说："皋陶，野蛮的边民经常来中原骚扰，内外贼寇猖獗，现在任命你担任士，触犯了五刑的要执法，五刑分别在市、朝、野三处执行。五种流放之刑各有居处，五种流放地分别在三个范围之外，只有刑罚严明才能取信于民。"舜说："谁能管理好我的各种工匠？"大家都说："垂可以胜任。"于是任命垂为共工。舜又说道："谁能管理好各地的山林原野、草木鸟兽？"大家都说："益可以胜任。"于是任命益为虞官。益跪拜叩头，想推让给大臣朱虎、熊罴。舜说："还是你去吧，你很适合。"并派朱虎、熊罴辅佐。舜说道："哎，诸侯首领们，谁适合为我主持三大祭典？"大家都说："伯夷可以。"舜说："好！伯夷，任命你担任秩宗，每天从早到晚，都要恭谨，内心要安静、洁白、公正无私。"伯夷要推让给夔、龙。舜说："好吧！任命夔掌管音乐，教育少年，要正直而温和，宽宏而谨慎，刚强而不暴虐，办事干练而不傲慢失礼。诗是表达思想的，歌能加长诗的音节，声调要依据歌咏，音律要使声调和谐。八种乐器的声音都能和谐，就不会伦理错乱，神灵和世人都将安宁和睦。”夔说：“啊，我敲打起石制的乐器，各种兽类都随着我的节拍载歌载舞。”舜说：“龙，我最憎恶谗言和暴行，惊扰我的人民，任命你担任纳言，不论早晚负责颁发我的政令，坚守信用。”舜说：“啊！你们二十二人，要恭谨啊，时时辅佐我做好上天交付的事业。”舜每三年考核一次大家的政绩，考核三次以后，决定升迁或罢免。因此，远近的各项事业都兴盛起来。又根据是否归顺，分解了三苗部族。

【原文】

此二十二人咸成厥[①]功：皋陶为大理[②]，平，民各伏得其实；伯夷主礼，上下咸让；垂主工师，百工致功；益主虞，山泽辟[③]；弃主稷，百谷时茂；契主司徒，百姓亲和；龙主宾客，远人至；十二牧行而九州莫敢辟违；唯禹之功为大，披九山，通九泽，决九河，定九州，各以其职来贡，不失厥宜[④]。方五千里，至于荒服。南抚交阯、北发，西戎、析枝、渠庾、氐、羌，北山戎、发、息慎，东长、鸟夷，四海之内咸戴帝舜之功。于是禹乃兴九招之乐，致异物，凤皇来翔。天下明德皆自虞帝始。

舜年二十以孝闻，年三十尧举之，年五十摄行天子事，年五十八尧崩，年六十一代尧践帝位。践帝位三十九年，南巡狩，崩于苍梧之野。葬于江南九疑，是为零陵。舜之践帝位，载天子旗，往朝父瞽叟，夔夔[⑤]唯谨，如子道。封弟象为诸侯。舜子商均亦不肖，舜乃豫[⑥]荐禹于天。十七年而崩。三年丧毕，禹亦乃让舜子，如舜让尧子。诸侯归之，

然后禹践天子位。尧子丹朱，舜子商均，皆有疆土，以奉先祀。服其服，礼乐如之。以客见天子，天子弗臣⑦，示不敢专也。

【注释】

扫码看视频

①厥：他们的。

②大理：掌管刑法的官。

③辟：开发，利用。

④不失厥宜：无一不符合规定。

⑤夔夔：和悦恭谨的样子。

⑥豫：通“预”，预先，事先。

⑦弗臣：不敢待以臣礼。

【译文】

这二十二人都成功地完成了他们的工作：皋陶担任法官，执法公正，实事求是，百姓信服；伯夷掌管礼仪，上上下下都谦恭礼让；垂统领工师，各种工匠都做出了成绩；益管理山泽，山林湖泽都开发利用起来；弃主管农业，各种谷物都生长得茁壮茂盛；契做司徒，百姓亲密和谐；龙主管接待宾客，远方的部族都来归附；十二个地区的长官出巡，九州百姓没有哪一个敢躲避和违抗的。他们当中唯有禹的功绩最大，他开通九座山脉，疏通了九个湖泊，治理了九条江河；划定了九州的疆界，各州都以当地的特产前来进贡，没有不符合规定的。疆域方圆五千里，伸延到了遥远的不毛之地。南方安抚了交阯、北发，西方安抚了戎、析枝、渠廋、氐、羌，北方安抚了山戎、发、息慎，东方安抚了长夷、鸟夷，四海之内无不感戴帝舜的功德。于是，禹创作了《九招》乐曲，招来珍奇异物，凤凰飞翔。天下的文明德政都始自虞帝时代。

舜二十岁时即以孝顺闻名，三十岁时尧举用了他，五十岁代理天子政务，五十八岁时尧去世，六十一岁时接替尧登上帝位。登上帝位三十九年，到南方巡视，死在苍梧的乡间。安葬在长江南面的九嶷山，这就是零陵。舜登上帝位，车子上竖立着天子的旗帜，去朝见父亲瞽叟，态度和悦恭谨，保持着做儿子的规矩。封弟弟象为诸侯。舜的儿子商均也是个不成器的人，舜在自己死前就把禹推荐给天帝。过了十七年，舜去世了。服丧三年后，禹也把帝位让给舜的儿子，就像舜让尧的儿子继承帝位一样。然而诸侯全都归顺禹，后来禹才登上帝位。尧的儿子丹朱、舜的儿子商均，都有自己的封地，用来供奉自己的祖先。他们的服饰都保持着本部族的传统，礼乐制度也照旧。他们以宾客的身份觐见天子，天子也不把他们当臣下看待，表示不敢独自占有天下。

名师点评

本篇成功地描绘出后世儒家所神往的修明、祥和的政治图景。在司马迁笔下，黄帝擒灭蚩尤，兼并炎帝，统一天下，草创国家，中华文明社会就从这里开始，中华民族皆黄帝子孙，由此奠定了民族一统的观念。司马迁的这一伟大思想，是历代以来进行爱国主义传统教育的宝贵历史资料，数千年来激励了无数仁人志士为中华民族的生存、繁荣和进步而斗争。黄帝是中华民族的人文始祖，是中华文化的民族魂。与黄帝齐名的炎帝号“神农氏”，教民耕种，也是传说中的圣王。尧帝宽容大义，首创禅让制；舜帝忍辱负重，谨守孝悌之义。作为青少年的我们虽不能像黄帝、尧帝和舜帝那样开疆拓土、保卫家园，但也要努力完善自己，为理想不断努力拼搏，将来为祖国贡献自己的一份力量。

延伸/阅读

三过家门而不入

大禹治水，曾三过家门而不入。他第一次经过家门时，听到婴儿的啼哭声，得知妻子给他生了一个儿子，他很想进去看看，但怕耽误治水，没有进去。第二次经过家门时，他的儿子正在妻子的怀中向他招手，此时正处于工程紧张之际，他只是挥挥手打了个招呼就离开了。第三次经过家门时，儿子已经成长为翩翩少年，正在家门口等待父亲。大禹语重心长地告诉他，等到百姓脱离水患之苦的时候，他们一家人自然就会团圆了，随即转身离开。大禹三过家门而不入的故事成为千古美谈，至今仍为人们传颂。

学海/拾贝

☆ 生而神灵，弱而能言，幼而徇齐，长而敦敏，成而聪明。

☆ 轩辕乃修德振兵，治五气，蓺五种，抚万民，度四方，教熊罴貔貅貙虎，以与炎帝战于阪泉之野。

☆ 顺天地之纪，幽明之占，死生之说，存亡之难。

☆ 时播百谷草木，淳化鸟兽虫蛾，旁罗日月星辰水波土石金玉，劳勤心力耳目，节用水火材物。

☆ 舜耕历山，历山之人皆让畔；渔雷泽，雷泽上人皆让居；陶河滨，河滨器皆不苦窳。

☆ 唯禹之功为大，披九山，通九泽，决九河，定九州，各以其职来贡，不失厥宜。

周本纪

名师导读

《周本纪》概括地记述了周王朝兴衰的历史，勾勒出一个天下朝宗、幅员辽阔的强大奴隶制王国的概貌。本篇节选了《周本纪》中关于武王的记述，详细介绍了武王如何率领天下诸侯，抓住商纣王暴虐无道、丧尽民心的时机，一举灭商并建立周王朝的历史故事，塑造了武王锐意进取、殚精竭虑治理天下这一明君形象。

【原文】

武王即位，太公望为师，周公旦为辅，召公、毕公之徒左右王，师修文王绪业。

九年，武王上祭于毕。东观兵，至于盟津。为文王木主[①]，载以车，中军[②]。武王自称太子发，言奉文王以伐，不敢自专。乃告司马、司徒、司空、诸节："齐栗，信哉！予无知，以先祖有德臣，小子受先功，毕立赏罚，以定其功。"遂兴师。师尚父号曰："总尔众庶，与尔舟楫，后至者斩！"武王渡河，中流，白鱼跃入王舟中，武王俯取以祭。既渡，有火自上复[3]于下，至于王屋[4]，流为乌，其色赤，其声魄云。是时，诸侯不期而会盟津者八百诸侯。诸侯皆曰："纣可伐矣。"武王曰："女未知天命，未可也。"乃还师归。

居二年，闻纣昏乱暴虐滋甚，杀王子比干，囚箕子。太师疵（cī）、少师强抱其乐器而奔周。于是武王遍告诸侯曰："殷有重罪，不可以不毕伐[5]。"乃遵文王，遂率戎车三百乘，虎贲三千人，甲士四万五千人，以东伐纣。十一年十二月戊午，师毕渡盟津，诸侯咸会。曰："孳孳[6]无怠！"武王乃作《太誓》，告于众庶："今殷王纣乃用其妇人之言，自绝于天，毁坏其三正，离逷（tì）其王父母弟，乃断弃其先祖之乐，乃为淫声，用变乱正声，怡说妇人。故今予发维共行天罚，勉哉夫子，不可再，不可三！"

【注释】

①木主：用木做成牌位。

②中军：置于军中。

③复：通"覆"，覆盖。

④王屋：王的居处。

⑤毕伐：尽全力讨伐。

⑥孳孳：同"孜孜"，努力不懈。

【译文】

武王登位，太公望任太师，周公旦做辅相，还有召公、毕公等人辅佐，以文王为榜样，承继文王的事业。

武王受命第九年，在毕地祭祀文王。然后前往东方检阅部队，到达盟津。

用木材为文王制作了牌位，用车载着，供在军中。武王自称太子发，宣称是奉文王之命前去讨伐，不敢擅自做主。他向司马、司徒、司空以及受王命执符节的官员宣告：“大家都要严肃恭敬，要诚实啊！我本是无知之人，只因先祖有德行，我继承了先人的功业，现在已制定了各种赏罚制度，来确保完成祖先的功业。”于是发兵讨伐。师尚父向全军发布命令说：“集合你们的兵众，把好船桨，落后的一律斩杀。”武王乘船渡河，船行至河中央，有一条白鱼跳进武王的船中，武王俯身抓起用它祭天。渡过河之后，有一团火从天而降，落到了武王住的房子上转动不停，最后变成一只乌鸦，颜色赤红，发出魄魄的鸣叫声。这时候，诸侯虽然未曾约定，却都会集到盟津，共有八百多个。诸侯都说：“可以讨伐纣了！”武王说：“你们不了解天命，现在还不可以。”于是率领军队回去了。

过了两年，武王听说纣昏庸暴虐更加厉害，杀了王子比干，囚禁了箕子。太师疵、少师强抱着乐器逃奔到了周。于是武王向全体诸侯宣告说：“殷王罪恶深重，不可以不全力讨伐了！”于是遵循文王的遗旨，率领战车三百辆，勇士三千人，披甲战士四万五千人，东进伐纣。第十一年十二月戊午日，军队全部渡过盟津，诸侯都来会合。武王说：“要奋发努力，不能懈怠！”武王又作了《太誓》，向全体士兵宣告：“如今殷王纣竟听用妇人之言，以致自绝于天，毁坏天、地、人的正道，疏远他的亲族弟兄，又抛弃他祖先传下的乐曲，谱制淫荡之声，扰乱雅正的音乐，去讨女人的欢心。所以，现在我姬发要恭敬地执行上天的惩罚。各位努力吧，这样的事情不能再有第二次，不能再有第三次！”

【原文】

二月甲子昧爽①，武王朝至于商郊牧野，乃誓。武王左杖②黄钺③，右秉④白旄⑤，以麾⑥。曰：“远矣西土之人！”武王曰：“嗟！我有国冢君，司徒、司马、司空，亚旅、师氏，千夫长、百夫长，及庸、

蜀、羌、髳（máo）、微、纑、彭、濮人，称[7]尔戈[8]，比尔干，立尔矛，予其誓。”王曰：“古人有言‘牝（pìn）鸡无晨。牝鸡之晨，惟家之索[9]’。今殷王纣维妇人言是用，自弃其先祖肆祀不答，昏[10]弃其家国，遗其王父母弟不用，乃维四方之多罪逋逃是崇是长，是信是使，俾[11]暴虐于百姓，以奸[12]轨于商国。今予发维共行天之罚。今日之事，不过六步七步，乃止齐焉，夫子勉哉！不过于四伐五伐六伐七伐，乃止齐焉，勉哉夫子！尚桓桓[13]，如虎如罴，如豺如离，于商郊，不御克奔，以役西土，勉哉夫子！尔所不勉，其于尔身有戮。”誓已，诸侯兵会者车四千乘，陈师[14]牧野。

【注释】

①昧爽：拂晓。

②杖：拿着。

③黄钺（yuè）：黄铜制的大斧。

④秉：持。

⑤白旄（máo）：牦牛尾做装饰的旗子。

⑥麾：指挥。

⑦称：举。

⑧戈：古代一种兵器名。

⑨索：败毁。

⑩昏：通“泯”，弃去。

⑪俾：使。

⑫奸：外乱。

⑬桓桓：威武的样子。

⑭陈师：摆开阵势。

【译文】

二月甲子日的黎明，武王一早就来到商郊牧野，举行誓师。武王左手拿着黄色大斧，右手拿着用旄牛尾做装饰的白色旗子，用来指挥战斗。他说："辛苦了，西方来的将士们！"武王说："喂，我的友邦的国君们，司徒、司马、司空，亚旅、师氏各位卿大夫们，千夫长、百夫长各位将领们，还有庸人、蜀人、羌人、髳人、微人、纑人、彭人、濮人，高举你们的戈，排齐你们的盾，竖起你们的矛，让我们来发誓！"武王说："古人有句老话'母鸡不报晓。母鸡报晓，就会使家毁败'。如今殷王纣只听妇人之言，废弃祭祀祖先的事而不加过问，放弃国家大政，抛开亲族兄弟不予任用，却纠合四方罪恶多端的逃犯，抬高他们，尊重他们，信任他们，任用他们，任他们欺压百姓，在商国为非作歹。现在我姬发恭敬地执行上天的惩罚。今天我们作战，不要以为前进六步七步，就获得胜利。大家一定要努力呀！刺杀时不超过四次、五次、六次、七次，就停下刺杀，整顿一下。努力吧，将士们！希望大家威风勇武，像猛虎，像熊罴，像豺狼，像蛟龙，在商都郊外，不要阻止前来投降的殷纣士兵，要让他们帮助我们西方诸侯，一定要努力呀，各位将士！你们谁要是不努力，你们自身就将遭杀戮！"誓师完毕，前来会合的诸侯军队共有战车四千辆，在牧野摆开了阵势。

【原文】

帝纣闻武王来，亦发兵七十万人距①武王。武王使师尚父与百夫致师，以大卒驰帝纣师。纣师虽众，皆无战之心，心欲武王亟入。纣师皆倒兵以战，以开②武王。武王驰之，纣兵皆崩畔③纣。纣走，反入登于鹿台之上，蒙衣其珠玉，自燔（fán）于火而死。武王持大

白旗以麾诸侯，诸侯毕拜武王，武王乃揖诸侯，诸侯毕从。武王至商国，商国百姓咸待于郊。于是武王使群臣告语商百姓曰："上天降休[4]！"商人皆再拜稽首，武王亦答拜。遂入，至纣死所。武王自射之，三发而后下车，以轻剑击之，以黄钺斩纣头，县大白之旗。已而至纣之嬖[5]妾二女，二女皆经自杀。武王又射三发，击以剑，斩以玄钺，县其头小白之旗。武王已乃出复军。

其明日，除道，修社及商纣宫。及期，百夫荷[6]罕旗以先驱。武王弟叔振铎奉陈常车[7]，周公旦把大钺，毕公把小钺，以夹武王。散宜生、太颠、闳夭皆执剑以卫武王。既入，立于社南大卒之左，左右毕从。毛叔郑奉明水，卫康叔封布兹，召公奭赞采，师尚父牵牲。尹佚筴祝曰："殷之末孙季纣，殄废先王明德，侮蔑神祇不祀，昏暴商邑百姓，其章显闻于天皇上帝。"于是武王再拜稽首，曰："膺[8]更[9]大命[10]，革殷，受天明命。"武王又再拜稽首，乃出。

【注释】

①距：通"拒"，抵御。

②开：引导。

③畔：通"叛"，背叛。

④休：善，福。

⑤嬖（bì）：宠爱。

⑥荷：肩负。

⑦常车：仪仗车。

⑧膺：接受。

⑨更：改变。

⑩大命：上天降下的命令。

【译文】

纣王听说武王攻来了，也发兵七十万来抵抗武王。武王派师尚父率领百名勇士前去挑战，然后率领大部队急驱冲进殷纣的军队。纣的军队人数虽多，却都没有打仗的心思，心里盼着武王赶快攻进来。作战时殷纣的军队都掉转兵器，反过来给武王做先导。武王急驱战车冲进来，纣的士兵全部崩溃，背叛了殷纣。殷纣败逃，返回城中登上鹿台，穿上他的宝玉衣，投火自焚。武王手持大白旗指挥诸侯，诸侯都向他行拜礼，武王也作揖还礼，诸侯全都跟着武王。武王进入商都朝歌，商都的百姓都在郊外等待着武王。于是武王命令群臣向商都百姓宣告说："上天赐福给你们！"商都人全都拜谢，叩头至地，武王也向他们回拜行礼。于是进入城中，找到纣自焚的地方。武王亲自发箭射纣的尸体，射了三箭然后走下战车，又用轻吕宝剑刺击纣尸，用黄色大斧斩下纣的头，悬挂在大白旗上。然后又到纣的两个宠妃那里，两个宠妃都上吊自杀了。武王又向她们射了三箭，并用剑刺击，用黑色大斧斩下她们的头，悬挂在小白旗上。武王做完这些才出城返回军营。

第二天，清除道路，修治祭祀土地的社坛和商纣的宫室。开始动工时，百名壮汉扛着有几条飘带的云罕旗在前面开道。武王的弟弟振铎护卫并摆开了插着太常旗的仪仗车，周公旦手持大斧，毕公手持小斧，侍卫在武王两旁。散宜生、太颠、闳夭都手持宝剑护卫着武王。进了城，武王站在社坛南大部队的左边，群臣都跟在他身后。毛叔郑捧着明月之夜取的露水，卫康叔封铺好了草席，召公奭献上了彩帛，师尚父牵来了供祭祀用的牲畜。尹佚朗读竹简上的祭文："殷的末代子孙季纣，完全败坏了先王的明德，侮慢神明，不进行祭祀，欺凌商邑的百姓，他罪恶昭彰，被天皇上帝知道了。"于是武王拜了两拜，叩头至地，说："承受上天之命，革除殷朝政权，接受上天圣明的旨命。"武王又拜了两拜，叩头至地，然后退出。

【原文】

封商纣子禄父殷之余民。武王为殷初定未集[①]，乃使其弟管叔鲜、蔡叔度相禄父治殷。已而命召公释箕子之囚。命毕公释百姓之囚，表商容之闾。命南宫括散鹿台之财，发钜桥之粟，以振[②]贫弱萌[③]隶[④]。命南宫括、史佚展九鼎保玉。命闳夭封比干之墓。命宗祝享祠于军。乃罢兵西归。行狩[⑤]，记政事，作《武成》。封诸侯，班赐[⑥]宗彝，作《分殷之器物》。武王追思先圣王，乃褒封神农之后于焦，黄帝之后于祝，帝尧之后于蓟，帝舜之后于陈，大禹之后于杞。于是封功臣谋士，而师尚父为首封[⑦]。封尚父于营丘，曰齐。封弟周公旦于曲阜，曰鲁。封召公奭于燕。封弟叔鲜于管，弟叔度于蔡。余各以次受封。

【注释】

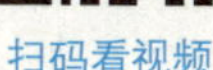

扫码看视频

①集：通“辑”，辑睦，安定。

②振：同“赈”，救济。

③萌：通“氓”（亦作“甿”），即所谓野人，是住在野外（城郊以外）的身份较低的居民。

④隶：贱役。

⑤行狩：去各个诸侯国巡视。

⑥班赐：分赐。

⑦首封：在分封的各诸侯王中排第一。

【译文】

武王把殷朝的遗民封给商纣的儿子禄父。武王因为殷地刚刚平定，还没有安定下来，就命令他的弟弟管叔鲜、蔡叔度辅佐禄父治理殷地。然后命令召公将箕子释放出狱。又命令毕公释放了被囚禁的百姓，在商容所居里巷的大门前表彰他。命令南宫括散发鹿台仓库的钱财，发放钜桥粮仓的粮食，赈济贫弱的民众。命令南宫括、史佚展示传国之宝九鼎和殷朝的宝玉。命令闳夭给比干的墓培土筑坟。命令主管祭祀的祝官在军中祭奠阵亡将士的亡灵。然后才撤兵西归。路上武王巡视各诸侯国，记录政事，写下了《武成》（宣告灭殷武功已成）。又分封诸侯，颁赐宗庙祭器，写下《分殷之器物》（记载武王的命令和各诸侯得到的赏赐）。武王怀念古代的圣王，就表彰并赐封神农氏的后代于焦，赐封黄帝的后代于祝，赐封尧帝的后代于蓟，赐封舜帝的后代于陈，赐封大禹的后代于杞。然后分封功臣谋士，其中帝师尚父是第一个受封的。把尚父封在营丘，国号为齐。把弟弟周公旦封在曲阜，国号为鲁。封召公奭于燕。封弟弟叔鲜于管，封弟弟叔度于蔡。其他人各自依次受封。

名师点评

周王朝从偏远的西方兴起，灭掉商朝，原因是多方面的。商纣王荒淫无道，众叛亲离，各种社会矛盾激化，是根本原因。而周武王继承文王事业，任用人才，励精图治，施展谋略，也是重要的原因。周武王以文王为号召，招揽人心；到盟津实战演习，作一试探；抓住时机，称奉天命讨伐，率众亲征，誓师牧野，万众一心，纣师倒戈，周师一战成功。周武王得人心而得天下，商纣王失去了立国之本，只落得败家亡国的下场。司马迁通过《周本纪》告诉我们：无论哪个朝代、哪个国家，都应该注重自身政治文明的建设，否则就有国破家亡的危险。从这个角度来看，《周本纪》直到今天仍有借鉴意义和警示作用。

延伸/阅读

分封制

分封制是西周的政治制度，为了巩固奴隶制国家政权，把王族、功臣和先代的贵族（异姓功臣贵族、同姓王室贵族、先代帝王后代和远古部落首领）分封到各地去做诸侯，建立诸侯国。诸侯的义务是，服从周天子的命令，向周天子贡献财物，派兵随从周天子作战。周天子分封的重要诸侯国有：鲁、齐、燕、卫、宋、晋等。春秋时期，周王室日益衰微，各诸侯国为争夺土地、人口及对其他诸侯国的支配权，不断进行兼并战争，形成了诸侯争霸的局面。葵丘会盟，齐桓公的霸主地位得到正式承认，标志着分封制的崩溃。秦朝统一全国后，建立郡县制，分封制结束。

学海/拾贝

☆ 齐栗，信哉！予无知，以先祖有德臣，小子受先功，毕立赏罚，以定其功。

☆ 古人有言“牝鸡无晨。牝鸡之晨，惟家之索”。

☆ 尚桓桓，如虎如罴，如豺如离，于商郊，不御克奔，以役西土，勉哉夫子！

☆ 纣走，反入登于鹿台之上，蒙衣其珠玉，自燔于火而死。

☆ 武王追思先圣王，乃褒封神农之后于焦，黄帝之后于祝，帝尧之后于蓟，帝舜之后于陈，大禹之后于杞。

秦始皇本纪

名师导读

《秦始皇本纪》是《史记》中最著名的篇章之一。介绍嬴政继承了历代秦王留下的政治和军事等方面的碾压性优势，将关东六国一一消灭，建立了中国历史上第一个统一的封建王朝——秦朝，嬴政就是秦始皇。此后，秦始皇兢兢业业治理秦朝，不断巩固统一，同时又焚书坑儒、大兴土木，遭到后人非议。在司马迁笔下，这位“千古一帝”是如此复杂，让读者回味不尽。

【原文】

扫码看视频

秦初并天下，令丞相、御史曰：“异日韩王纳地效玺，请为藩臣[①]，已而倍约，与赵、魏合从畔秦，故兴兵诛之，虏其王。寡人以为善，庶几息兵革。赵王使其相李牧来约盟，故归其质子。已而倍盟，反我太原，故兴兵诛之，得其王。赵公子嘉乃自立为代王，故举兵击灭之。魏王始约服入秦，已而与韩、赵谋袭秦，秦兵吏诛，遂破之。荆王献青阳以西，已而畔约，击我南郡，故发兵诛，得其王，遂定其荆地。燕王昏乱，其太子丹乃阴令荆轲为贼，兵吏诛，灭其国。齐王用后胜计，绝秦使，欲为乱，兵吏诛，虏其王，平齐地。寡人以眇眇[②]之身，兴兵诛暴乱，赖宗庙之灵，六王咸伏其辜，天下大定。今名号不更，无以称成功，传后世。其议帝号。”丞相绾、御史大夫劫、

廷尉斯等皆曰："昔者五帝地方千里，其外侯服夷服③诸侯或朝或否，天子不能制。今陛下兴义兵，诛残贼，平定天下，海内为郡县，法令由一统，自上古以来未尝有，五帝所不及。臣等谨与博士议曰：'古有天皇，有地皇，有泰皇，泰皇最贵。'臣等昧死上尊号，王为'泰皇'。命为'制'，令为'诏'，天子自称曰'朕'。"王曰："去'泰'，著④'皇'，采上古'帝'位号，号曰'皇帝'。他如议。"制曰："可。"追尊庄襄王为太上皇。制⑤曰："朕闻太古有号毋谥，中古有号，死而以行为谥。如此，则子议父，臣议君也，甚无谓，朕弗取焉。自今已来，除谥法。朕为始皇帝。后世以计数，二世三世至于万世，传之无穷。"

【注释】

①藩臣：为朝廷守边的属臣。

②眇眇：渺小，微小。眇，同"渺"。

③侯服夷服：按照周制，天子所居京城以外直径一千里的地方为王畿，再往外分为九服，由近及远，每隔五百里为一服，依次是：侯服、甸服、男服、采服、卫服、蛮服、夷服、镇服、藩服。这里侯服、夷服指京城以外的远近地区。

④著（zhuó）：附着。此处有留下、保留的意思。

⑤制：帝王的命令。

【译文】

秦国刚统一天下，命令丞相、御史说："从前韩王交出土地献上印玺，请求做守卫边境的臣子，不久又背弃誓约，与赵国、魏国联合反叛秦国，所以派兵去讨伐他们，俘虏了韩国的国君。我认为这很好，因为这样或许就可以停止战争了。赵王派他的相国李牧来订立盟约，所以归还了他们抵押在这里的质子。不久他们就违背了盟约，在太原反抗我们，所以派兵去讨伐他们，俘获了赵国的国君。赵公子嘉竟然自立为代王，所以就派兵去灭了赵国。魏王起初已约定归服于秦，不久却与韩国、赵国合谋袭击秦国，秦国士兵前去讨伐，终于打败了他们。楚王献出青阳以西的地盘，不久也背弃誓约，袭击我南郡，所以派兵去讨伐，俘获了楚国的国君，终于平定了楚地。燕王昏乱糊涂，他的太子丹竟然暗中派荆轲来做刺客，秦国士兵前去讨伐，灭掉了他的国家。齐王采用后胜的计策，不让秦国使者进入齐国，想要作乱，秦国士兵前去讨伐，俘虏了齐国国君，平定了齐地。我凭着这个渺小之身，兴兵诛讨暴乱，靠的是祖宗的神灵，六国国王都依他们的罪过受到了应有的惩罚，天下安定了。现在如果不更改名号，就无法显扬我的功业，传给后代。请商议帝号。”丞相王绾、御史大夫冯劫、廷尉李斯等都说：“从前五帝的土地纵横千里，外面还划分有侯服、夷服等地区，诸侯有的朝见，有的不朝见，天子不能控制。现在您兴正义之师，讨伐四方残贼之人，平定了天下，在全国设置郡县，法令归于一统，这是亘古不曾有的，五帝也比不上的。我们恭谨地跟博士们商议说：‘古代有天皇、有地皇、有泰皇，泰皇最尊贵。’我们这些臣子冒死献上尊号，王称为‘泰皇’。发教令称为‘制书’，下命令称为‘诏书’，天子自称为‘朕’。”秦王说：“去掉‘泰’字，留下‘皇’字，采用上古‘帝’的位号，称为‘皇帝’，其他就按你们议论的办。”于是下令说：“可以。”追尊庄襄王为太上皇。又下令说：“我听说上古有号而没有谥，中古有号，死后根据生前品行事迹给个谥号。这样做，就是儿子议论父亲，臣子议论君主了，非常没有意义，我不取这种做法。从今以后，废除谥法。我就叫作始皇帝，后代就从我这儿开始，称二世、三世直到万世，永远相传，没有穷尽。”

【原文】

始皇推终始五德之传，以为周得火德，秦代周德，从所不胜[①]。方今水德之始，改年始，朝贺皆自十月朔。衣服旄旌节旗皆上黑。数

以六为纪[②]，符、法冠[③]皆六寸，而舆六尺，六尺为步，乘六马。更名河曰德水，以为水德之始。刚毅戾深，事皆决于法，刻削毋仁恩和义，然后合五德之数[④]。于是急法，久者不赦。

丞相绾等言："诸侯初破，燕、齐、荆地远，不为置王，毋以填之。请立诸子，唯上幸许。"始皇下其议于群臣，群臣皆以为便。廷尉李斯议曰："周文武所封子弟同姓甚众，然后属疏远，相攻击如仇雠[⑤]，诸侯更相诛伐，周天子弗能禁止。今海内赖陛下神灵一统，皆为郡县，诸子功臣以公赋税重赏赐之，甚足易制。天下无异意，则安宁之术也。置诸侯不便。"始皇曰："天下共苦战斗不休，以有侯王。赖宗庙，天下初定，又复立国，是树兵也，而求其宁息，岂不难哉！廷尉议是。"

分天下以为三十六郡，郡置守、尉、监。更名民曰"黔首"。大酺。收天下兵，聚之咸阳，销[⑥]以为钟鐻[⑦]，金人十二，重各千石，置廷宫中。一法度衡石丈尺。车同轨。书同文字。地东至海暨朝鲜，西至临洮、羌中，南至北向户，北据河为塞，并阴山至辽东。徙天下豪富于咸阳十二万户。诸庙及章台、上林皆在渭南。秦每破诸侯，写放其宫室，作之咸阳北阪上，南临渭，自雍门以东至泾、渭，殿屋复道周阁相属。所得诸侯美人钟鼓，以充入之。

二十七年，始皇巡陇西、北地，出鸡头山，过回中。焉作信宫渭南，已更命信宫为极庙，象天极。自极庙道通郦山，作甘泉前殿。筑甬道，自咸阳属之。是岁，赐爵一级。治驰道。

【注释】

①从所不胜：取周德抵不过的属性，即水德。

②数以六为纪：意思是数字的成数以六为极点。纪，极，终。

③法冠：御史所戴之冠。本为楚王之冠，秦灭楚，以此赐给御史，称法冠。后来汉使节、执法者也戴此冠。

④合五德之数：这是说秦严法毋仁合于五行规律。秦以水德，水为阴，阴主杀。数，命数，规律。

⑤雠（chóu）：仇恨。

⑥销：熔化（金属）。

⑦鐻（jù）：如钟一类的乐器，夹置在钟旁，猛兽形状，由木或铜制成。

【译文】

秦始皇按照水、火、木、金、土五行相生相克、终始循环的原理进行推求，认为周朝占有火德的属性，秦朝要取代周朝，就必须取周朝的火德所抵不过的水德。现在是水德开始之年，为顺天意，要更改一年的开始。群臣朝见拜贺都在十月初一这一天。衣服、符节和旗帜的装饰，都崇尚黑色。因为水德属阴，而《易》卦中表示阴的符号阴爻叫作“六”，就把数目以十为终极改成以六为终极，所以符节和御史所戴的法冠都规定为六寸，车宽为六尺，六尺为一步，一辆车驾六匹马。把黄河改名为“德水”，以此来表示水德的开始。刚毅严厉，一切事情都依法律决定，刻薄而不讲仁爱、恩惠、和善、情义，这样才符合五德中水主阴的命数。于是把法令搞得极为严酷，犯了法久久不能得到宽赦。

丞相王绾等进言说：“诸侯刚刚被打败，燕国、齐国、楚国地处偏远，不给它们设王，就无法镇抚那里。请封立各位皇子为王，希望皇上恩准。”始皇把这个建议下交给群臣商议，群臣都认为这样做有利。廷尉李斯发表意见说：“周文王、周武王分封子弟和同姓亲属很多，可是他们的后代逐渐疏远了，互相攻击，就像仇人一样，诸侯之间彼此征战，周天子也无法阻止。现在天下靠您的神灵之威获得统一，都划分成了郡县，对于皇子功臣，用公家的赋税重重赏赐，这样就很容易控制了。要让天下人没有邪异之心，这才是使天下安宁的好办法啊。设置诸侯没有好处。”始皇说：“以前，天下人都苦于连年战争无止无休，就是因为那些诸侯王。现在我依仗祖宗的神灵，天下刚刚安定如果又设立诸侯国，这等于是又挑起战争，想要求得安宁太平，岂不困难吗？廷尉说得对。”

于是把天下分为三十六郡。每郡都设置守、尉、监。改称人民为“黔首”。下令特许全国聚饮以表示欢庆。收集天下的兵器，聚集到咸阳，熔化之后铸成大钟，十二个铜人，每个重达十二万斤，放置在宫廷里。统一法令和度量衡标准。统一车辆两轮间的宽度。书写使用统一的文字。领土东到大海和朝鲜，西到临洮、羌中，南到北向户，往北据守黄河作为要塞，沿着阴山往东一直到达辽东郡。迁徙天下富豪人家十二万户到咸阳居住。秦国各王的陵庙及章台宫、上林苑都在渭水南岸。秦国每灭掉一个诸侯，都按照该国宫室的样子，在咸阳北面的山坡上进行仿造，南边濒临渭水，从雍门往东直到泾、渭二水交会处，殿屋之间有天桥和环行长廊互相连接起来。从诸侯那里掳夺的美人和钟鼓乐器之类，都放到那里面。

二十七年，秦始皇去巡视陇西、北地，穿过鸡头山，路经回中。于是在渭水南面建造信宫。不久，又把信宫改名叫极庙，以象征处于天极的北极星。从极庙开通道路直达骊山，又修建了甘泉前殿。修造两旁筑墙的甬道，从咸阳一直连接到骊山。这一年，普遍赐给爵位一级。修筑供皇帝巡行用的通向全国各地的驰道。

【原文】

……始皇置酒咸阳宫，博士七十人前为寿。仆射周青臣进颂曰：“他时秦地不过千里，赖陛下神灵明圣，平定海内，放逐蛮夷，日月所照，莫不宾服。以诸侯为郡县，人人自安乐，无战争之患，传之万世。自上古不及陛下威德。”始皇悦。博士齐人淳于越进曰：“臣闻殷周之王千余岁，封子弟功臣，自为枝辅。今陛下有海内，而子弟为匹夫，卒有田常、六卿之臣，无辅拂①，何以相救哉？事不师古②而能

长久者，非所闻也。今青臣又面谀以重陛下之过，非忠臣。”始皇下其议。丞相李斯曰：“五帝不相复[③]，三代不相袭，各以治，非其相反，时变异也。今陛下创大业，建万世之功，固非愚儒所知。且越言乃三代之事，何足法也？异时诸侯并争，厚招游学。今天下已定，法令出一，百姓当家则力农工，士则学习法令辟禁。今诸生不师今而学古，以非当世，惑乱黔首。丞相臣斯昧死言：古者天下散乱，莫之能一，是以诸侯并作，语皆道古以害今，饰虚言以乱实，人善其所私学，以非上之所建立。今皇帝并有天下，别黑白而定一尊。私学而相与非法教，人闻令下，则各以其学议之，入则心非，出则巷议，夸主以为名，异取[④]以为高，率群下以造谤。如此弗禁，则主势降乎上，党与[⑤]成乎下。禁之便。臣请史官非秦记皆烧之。非博士官所职，天下敢有藏诗、书、百家语者，悉诣守、尉杂烧之。有敢偶语[⑥]诗书者弃市[⑦]。以古非今者族。吏见知不举者与同罪。令下三十日不烧，黥为城旦。所不去者，医药卜筮种树之书。若欲有学法令，以吏为师。”制曰：“可。”

【注释】

①辅拂（bì）：辅佐，帮助。拂，同“弼”，与“辅”同义。

②师古：效法古代。师，效法，学习。

③相复：一代传一代。

④异取：追求奇异。

⑤党与：朋党。

⑥偶语：相对私语。

⑦弃市：古代在闹市执行死刑，表示与众共弃，叫弃市。

【译文】

……秦始皇在咸阳宫摆设酒宴，七十位博士上前献酒颂祝寿辞。仆射周青臣走上前去颂扬说："从前秦国土地不过千里，仰仗陛下神灵明圣，平定天下，驱逐蛮夷，凡是日月所照耀到的地方，没有不臣服的。把诸侯国改置为郡县，百姓安居乐业，不必再担心战争，功业可以传之万代。您的威德，自古及今无人能比。"始皇十分高兴。博士齐人淳于越上前说："我听说殷朝、周朝统治天下达一千多年，分封子弟功臣，辅佐自己。如今陛下拥有天下，而您的子弟却是平民百姓，一旦出现像齐国田常、晋国六卿之类谋杀君主的臣子，没有人辅佐，靠谁来救援呢？凡事不师法古人而能长久的，还没有听说过。刚才周青臣又当面阿谀，以致加重陛下的过失，这不是忠臣。"始皇把他们的意见下交群臣议论。丞相李斯说："五帝的制度不是一代传一代，夏、商、周的制度也不是一代因袭一代，可是都凭着各自的制度治理好了，这并不是他们故意要彼此相反，而是由于时代变了，情况不同了。现在陛下开创了大业，建立起万世不朽之功，这本来就不是愚陋的儒生所能理解的。况且淳于越所说的是夏、商、周三代的事，哪里值得取法呢？从前诸侯并起纷争，才大量招揽游说之士。现在天下平定，法令出自陛下一人，百姓在家就应该致力于农工生产，读书人就应该学习法令刑禁。现在儒生们不学习今天的却要效法古代的，以此来诽谤当世，惑乱民心。丞相李斯冒死罪进言：古代天下散乱，没有人能够统一，所以诸侯并起，说话都是称引古人为害当今，矫饰虚言扰乱名实，人们只欣赏自己私下所学的知识，指责朝廷所建立的制度。当今皇帝已统一天下，分辨是非黑白，一切决定于至尊皇帝一人。可是私学却一起非议法令，教化人们一听说有命令下达，就根据各自所学加以议论，入朝就在心里指责，出朝就去街巷谈议，在君主面前夸耀自己以求取名利，追求奇异说法以抬高自己，在民众当中带头制造谤言。像这样却不禁止，在上面君主威势就会下降，在下面朋党的势力就会形成。臣以为禁止这些是合适的。我请求让史官把不是秦国的典籍全部焚毁。除博士官署所掌管的之外，天下敢有收藏《诗》《书》、诸子百家著作的，全都送到地方官那里去一起烧掉。有敢在一块儿谈议《诗》《书》的处以死刑示众，借古非今的满门抄斩。官吏如果知道而不举报，以同罪论处。命令下达三十天仍不烧书的，处以脸上刺字的黥刑，处以城旦之刑四年，发配边疆，白天防寇，夜晚筑城。所不取缔的，是医药、占卜、种植之类的书。如果有人想要学习法令，就以官吏为师。”秦始皇下诏说：“可以。”

【原文】

三十五年，除道，道九原抵云阳，堑山堙谷，直通之。于是始皇以为咸阳人多，先王之宫廷小，吾闻周文王都丰，武王都镐，丰镐之间，帝王之都也。乃营作朝宫渭南上林苑中。先作前殿阿房，东西五百步，南北五十丈，上可以坐万人，下可以建五丈旗。周驰为阁道，自殿下直抵南山。表南山之颠以为阙[①]。为复道，自阿房渡渭，属之咸阳，以象天极阁道绝汉抵营室也。阿房宫未成；成，欲更择令名名之。作宫阿房，故天下谓之阿房宫。隐宫徒刑者七十余万人，乃分作阿房宫，或作丽山。发北山石椁，乃写[②]蜀、荆地材皆至。关中计宫三百，关外四百余。于是立石东海上朐界中，以为秦东门。因徙三万家丽邑，五万家云阳，皆复不事十岁。

卢生说始皇曰：“臣等求芝奇药仙者常弗遇，类物有害之者。方中，人主时为微行以辟恶鬼，恶鬼辟，真人至。人主所居而人臣知之，则害于神。真人者，入水不濡，入火不爇，陵云气，与天地久长。今上治天下，未能恬倓[③]。愿上所居宫毋令人知，然后不死之药殆可得也。”于是始皇曰：“吾慕真人，自谓‘真人’，不称‘朕’。”乃令咸阳之旁二百里内宫观二百七十复道甬道相连，帷帐钟鼓美人充之，各案署不移徙。行所幸，有言其处者，罪死。始皇帝幸梁山宫，从山上见丞相车骑众，弗善也。中人[④]或告丞相，丞相后损车骑。始皇怒曰：“此中人泄吾语。”案问莫服。当是时，诏捕诸时在旁者，皆杀之。自是后莫知行之所在。听事[⑤]，群臣受决事，悉于咸阳宫。

【注释】

①阙：古代宫殿门外的楼台，中间有夹道。

②写：输送。

③恬倓：指清静无为。“恬”“倓”都是安静的意思。

④中人：指皇宫中的宦官、近臣等。

⑤听事：处理政事。

【译文】

三十五年，开始修筑道路，经由九原一直修到云阳，挖掉山峰填平河谷，笔直贯通。这时始皇认为咸阳人口多，先王宫廷窄小，听说周文王建都在丰，武王建都于镐，丰、镐两城之间，才是帝王的都城所在。于是就在渭水南上林苑内修建朝宫。先在阿房建前殿，东西长五百步，南北宽五十丈，宫中可以容纳一万人，下面可以树立五丈高的大旗。四周架有天桥可供驰走，从宫殿之下一直通到南山。在南山的顶峰修建门阙作为标志。又修造天桥，从阿房跨过渭水，与咸阳连接起来，以象征天上的北极星、阁道星跨过银河抵达营室星。阿房宫没有建成；计划等竣工之后，再选择一个好名字给它命名。因为是在阿房修筑此宫，所以人们就称它为阿房宫，受过宫刑、徒刑的七十多万人，分别被派去修建阿房宫，有的去营建骊山。从北山开采来山石，从蜀地、荆地运来木料。关中总共建造宫殿三百座，关外建四百多座。于是在东海边的朐山上竖立大石，作为秦朝国境的东门。为此迁徙三万家到骊邑，五万家到云阳，都免除十年的赋税和徭役。

卢生劝说始皇道：“我们寻找灵芝、奇药和仙人，一直找不到，好像是有什么东西伤害了它们。我们心想，皇帝要经常秘密出行以便驱逐恶鬼，恶鬼避开了，神仙真人才会来到。皇上住的地方如果让臣子们知道，就会妨害神仙。真人是入水不会沾湿，入火不会烧伤的，能够乘驾云气遨游，寿命和天地共久长。现在皇上治理天下，还没能做到清静恬淡。希望皇上所住的宫室不要让别人知道，这样，不死之药或许能够得到。”于是始皇说：“我羡慕神仙真人，我自己就叫‘真人’，不再称‘朕’了。”于是令咸阳四旁二百里内的二百七十座宫观都用天桥、甬道相互连接起来；把帷帐、钟鼓和美人都安置在里边，全部按照所登记的位置不得移动。皇帝所到的地方，如有人说出去，就判死罪。有一次皇帝幸临梁山宫，从山上望见丞相的随从车马众多，很不赞成。宦官近臣里有人把这件事告诉了丞相，丞相以后就减少了车马数目。始皇生气地说：“这是宫中有人泄露了我的话。”经过审问，没有人认罪，就下诏把当时跟随在旁的人抓起来，全部杀掉。从此以后再没有人知道皇帝的行踪。处理事务，群臣接受命令，全在咸阳宫进行。

【原文】

……三十七年十月癸丑，始皇出游。左丞相斯从，右丞相去疾守。少子胡亥爱慕请从，上许之……

至平原津而病。始皇恶言死，群臣莫敢言死事。上病益甚，乃为玺书赐公子扶苏曰：“与丧会咸阳而葬。”书已封，在中车府令赵高行符玺事所，未授使者。七月丙寅，始皇崩于沙丘平台。丞相斯为上崩在外，恐诸公子及天下有变，乃秘之，不发丧。棺载辒凉车[①]中，故幸宦者参乘，所至上食。百官奏事如故，宦者辄从辒凉车中可其奏事。独子胡亥、赵高及所幸宦者五六人知上死。赵高故尝教胡亥书及狱律令法事，胡亥私幸之。高乃与公子胡亥、丞相斯阴谋破去始皇所封书赐公子扶苏者，而更诈为丞相斯受始皇遗诏沙丘，立子胡亥为太子。更为书赐公子扶苏、蒙恬，数以罪，赐死。语具在李斯传中。行，遂从井陉抵九原。会暑，上辒车臭，乃诏从官令车载一石鲍鱼，以乱其臭。

行从直道[②]至咸阳，发丧。太子胡亥袭位，为二世皇帝。九月，葬始皇郦山。始皇初即位，穿治郦山，及并天下，天下徒送诣七十余

万人，穿三泉[3]，下铜而致椁，宫观百官奇器珍怪徙[4]臧[5]满之。令匠作机弩矢[6]，有所穿近者辄射之。以水银为百川江河大海，机相灌输，上具天文，下具地理。以人鱼膏为烛，度不灭者久之。二世曰："先帝后宫非有子者，出焉不宜。"皆令从死，死者甚众。葬既已下，或言工匠为机，臧皆知之，臧重即泄。大事毕，已臧，闭中羡[7]，下外羡门，尽闭工匠臧者，无复出者。树草木以象山。

二世皇帝元年，年二十一。赵高为郎中令，任用事。二世下诏，增始皇寝庙[8]牺牲[9]及山川百祀之礼。令群臣议尊始皇庙。群臣皆顿首言曰："古者天子七庙，诸侯五，大夫三，虽万世世不轶毁。今始皇为极庙，四海之内皆献贡职，增牺牲，礼咸备，毋以加[10]。先王庙或在西雍，或在咸阳。天子仪当独奉酌祠始皇庙。自襄公已下轶毁。所置凡七庙。群臣以礼进祠，以尊始皇庙为帝者祖庙。皇帝复自称'朕'。"

【注释】

①辒凉车：古代的卧车。亦用作丧车。

②直道：路名。北起九原，南至云阳，始皇三十五年蒙恬主持修筑。

③三泉：三重泉。形容很深。

④徙：迁徙。此指搬进。

⑤臧：同"藏"。

⑥机弩矢：由机关操纵的弓箭。

⑦羡：通"埏（yán）"。墓道，含内、中、外三道门。

⑧寝庙：古代宗庙分两部分，后面停放牌位和先人遗物的地方叫"寝"，前面祭祀的地方叫"庙"。

⑨牺牲：古代祭祀用的牲畜。色纯为"牺"，体全为"牲"。

⑩毋以加：意思是不能再有增加了，也就是最高。

【译文】

……三十七年十月癸丑日，始皇外出巡游。左丞相李斯跟随着，右丞相冯去疾留守京城。少子胡亥想去巡游，要求跟随着，皇上答应了他……

秦始皇到达平原津时生了病。始皇讨厌说“死”这个字，群臣没有一个敢说死的事情。皇帝病得更厉害了，就写了一封盖上御印的信给公子扶苏，信中说：“回咸阳来参加丧事，在咸阳安葬。”信已封好了，存放在中车府令赵高兼掌印玺事务的办公处，没有交给使者。七月丙寅日，始皇在沙丘平台逝世。丞相李斯认为皇帝在外地逝世，恐怕皇子们和各地乘机制造变故，就对此事严加保密，不发布丧事消息。棺材放置在辒凉车中，让过去受始皇宠幸的宦官做陪乘，每走到适当的地方，就献上饭食。百官像平常一样向皇上奏事，宦官就在辒凉车中降诏批签。只有胡亥、赵高和五六个曾受宠幸的宦官知道皇上死了。赵高过去曾经教胡亥写字和狱律法令等事，胡亥私下里很喜欢他。赵高与公子胡亥、丞相李斯秘密商量拆开始皇赐给公子扶苏的已封好的诏书，谎称李斯在沙丘接受了始皇遗诏，立皇子胡亥为太子。又另写了诏书给公子扶苏、蒙恬，列举他们的罪状，赐命他们自杀。这些事都记载在《李斯列传》中。继续往前走，从井陉到达九原。正赶上大暑天，皇上的尸体在辒凉车中发出了臭味，就下令随从官员往车里装一石有腥臭气的腌鱼，让人们分不清尸臭和鱼臭。

一路行进，从直道回到咸阳，发布治丧的公告。皇太子继承皇位，就是二世皇帝。九月，把始皇安葬在骊山。始皇当初刚刚登位，就挖通治理了骊山，到统一天下后，从全国各地送来七十多万徒役，凿地三重泉水那么深，灌注铜水，填塞缝隙，把外棺放进去，又修造宫观，设置百官位次，把珍奇器物、珍宝怪石等搬了进去，放得满满的。命令工匠制造由机关操纵的弓箭，如有人挖墓，一走近就能射死他。用水银做成百川江河大海，用机器递相灌注输送，顶壁装有天文图像，下面置有地理图形。用娃娃鱼的油脂做成火炬，估计很久不会熄灭。二世说：“先帝后宫妃嫔没有子女的，放她们出去不合适。”就命令这些人全部殉葬，殉葬的人很多。下葬完毕，有人说工匠制造了机械，墓中所藏宝物他们都知道，宝物多而贵重，这就难免会泄露出去。隆重的丧礼完毕，宝物都已藏好，就封闭了墓道的中间一道门，又把墓地最外面的一道门放下来，工匠们全部被封闭在里边，没有一个再出来的。墓上栽种草木，从外边看上去好像一座山。

二世皇帝元年，二世二十一岁，赵高担任郎中令，执掌朝廷大权。二世下诏，增加始皇祠庙里用来祭祀的牲畜数量，增加山川各种祭祀的礼仪。命令大臣们讨论推尊始皇庙号的事。大臣们都叩头说："古时候天子的祖庙为七庙，祭祀七代祖宗，诸侯五庙，大夫三庙，如今始皇庙是至高无上的，即使是万世以后也不能毁除，天下人都要贡献祭品赋税，增加祭祀用的牲畜，礼仪完全具备，不能有比这个再高的。先王庙有的在西雍，有的在咸阳。天子按礼仪应当单独捧着经多次酿制而且味道醇厚的酒祭祀始皇庙。从襄公以下的庙都已毁除。所建共七庙。大臣们都依礼进献祭祀，推尊始皇庙为皇帝始祖庙。皇帝仍自称为'朕'。"

名师点评

秦始皇作为我国历史上第一位皇帝，也是最具争议的皇帝，一生可谓波澜壮阔，并给后人留下了无尽谜团。他是一个勤政的君主，每天用大量的精力处理国事，并不辞辛劳地巡游全国，巩固自己的江山；他是一个具有创新精神的人，车同轨、书同文、行同伦，统一货币和度量衡，其影响两千多年始终未曾断绝。但另一方面，秦始皇又很残暴，他为了巩固统一，焚书坑儒，不恤民力地南征北战、修筑长城，还为了满足享受修筑宫殿、建造皇陵、大肆赏赐术士，天下不堪其扰。《秦始皇本纪》在叙述这些事件时，做到了客观、详尽，让我们既学习秦始皇对事业的执着，学习他的开拓精神，又要以他为戒，不能好大喜功，要善于体恤他人。

延伸/阅读

李 斯

李斯（？—前 208 年），字通古。上蔡（今河南上蔡）人。秦朝著名政治家、文学家和书法家。李斯出身贫寒，曾当过楚国郡中的小吏，跟随大儒荀子学习。到了秦国后，他成为秦相吕不韦的舍人，在吕不韦的推荐下被拜为客卿。公元前 237 年，秦王嬴政颁布“逐客令”，驱逐列国客卿，李斯上《谏逐客书》，极力劝阻，得到秦王的赏识，开始重用李斯，任命他为廷尉。在秦王统一六国的过程中，参与制定法律，统一车轨、文字、度量衡制度，提出多项政治主张，很多战略方针都出自李斯的谋划。秦朝建立后，李斯升任丞相，极力主张废分封、行郡县，并建议秦始皇焚书。秦始皇去世后，李斯与中车府令赵高勾结，逼死公子扶苏，立公子胡亥为帝。不久，李斯在与赵高的权力之争中失败，腰斩于咸阳。

学海/拾贝

☆ 寡人以眇眇之身，兴兵诛暴乱，赖宗庙之灵，六王咸伏其辜，天下大定。今名号不更，无以称成功，传后世。

☆ 朕为始皇帝。后世以计数，二世三世至于万世，传之无穷。

☆ 收天下兵，聚之咸阳，销以为钟鐻，金人十二，重各千石，置廷宫中。

☆ 五帝不相复，三代不相袭，各以治，非其相反，时变异也。

项羽本纪

名师导读

《项羽本纪》是《史记》传记中最为精彩的篇章之一。本篇节选了破釜沉舟、鸿门宴、垓下之围和乌江自刎四部分经典内容，多角度、多层次地展现项羽的性格，使项羽这一悲剧英雄的形象跃然纸上。

【原文】

项籍者，下相人也，字羽。初起时，年二十四。其季父[①]项梁，梁父即楚将项燕，为秦将王翦所戮者也。项氏世世为楚将，封于项，故姓项氏。

项籍少时，学书不成，去；学剑，又不成。项梁怒之。籍曰："书足以记名姓而已。剑一人敌，不足学，学万人敌。"于是项梁乃教籍兵法，籍大喜，略知其意，又不肯竟学。项梁尝有栎阳逮，乃请蕲（qí）狱掾曹咎书抵栎阳狱掾司马欣，以故事得已。项梁杀人，与籍避仇于吴中。吴中贤士大夫皆出项梁下[②]。每吴中有大繇（yáo）役及丧，项梁常为主办，阴[③]以兵法部勒[④]宾客[⑤]及子弟，以是知其能。秦始皇帝游会稽，渡浙江，梁与籍俱观。籍曰："彼可取而代也。"梁掩其口，曰："毋妄言，族矣！"梁以此奇籍。籍长八尺余，力能扛鼎，才气过人，虽吴中子弟皆已惮籍矣。

【注释】

①季父：最小的叔叔。季，兄弟姊妹排行最小的。

② 皆出项梁下：意思是都不如项梁。

③阴：暗中。

④部勒：部署，组织。

⑤宾客：指客居吴中依附项梁的人。

【译文】

项籍是下相人，字羽。开始起事的时候，他二十四岁。项籍的叔父是项梁，项梁的父亲项燕，就是被秦将王翦所杀害的那位楚国大将。项氏世世代代做楚国的大将，被封在项地，所以姓项。

项籍小的时候曾学习写字识字，没有学成就不学了；又学习剑术，也没有学成。项梁很生气。项籍却说："写字，能够用来记姓名就行了；剑术，也只能敌一个人，不值得学。我要学习能敌万人的本事。"于是项梁就教项籍兵法，项籍非常高兴，可是刚刚懂得兵法的大意，又不肯学到底了。项梁曾经因罪案受牵连，在栎阳县被逮捕入狱，他就请蕲县狱掾曹咎写了说情信给栎阳狱掾司马欣，事情才得以了结。项梁又杀人，为了躲避仇人，他和项籍一起逃到吴中郡。吴中郡有才能的士大夫，本事都比不上项梁。每当吴中郡有大规模的徭役或大的丧葬事宜时，项梁经常做主办人，并暗中用兵法部署组织宾客和青年，借此来了解他们的才能。秦始皇游览会稽郡渡浙江时，项梁和项籍一同前去观看。项籍说："那个人，我可以取代他！"项梁急忙捂住他的嘴，说："不许胡说，要满门抄斩的！"项梁因此感到

项籍很不一般。项籍身高八尺有余，力大能举鼎，才气超过常人，即使是吴中当地的年轻人也都很惧怕他。

【原文】

秦二世元年七月，陈涉等起大泽中。其九月，会稽守通谓梁曰："江西皆反，此亦天亡秦之时也。吾闻先即制人，后则为人所制。吾欲发兵，使公及桓楚将[①]。"是时桓楚亡在泽中。梁曰："桓楚亡，人莫知其处，独籍知之耳。"梁乃出，诫籍持剑居外待。梁复入，与守坐，曰："请召籍，使受命召桓楚。"守曰："诺。"梁召籍入。须臾，梁眴[②]籍曰："可行矣！"于是籍遂拔剑斩守头。项梁持守头，佩其印绶。门下大惊，扰乱，籍所击杀数十百人。一府中皆慑伏[③]，莫敢起。梁乃召故所知豪吏，谕[④]以所为起大事，遂举[⑤]吴中兵。使人收下县，得精兵八千人。梁部署吴中豪杰为校尉、候、司马。有一人不得用，自言于梁。梁曰："前时某丧使公主某事，不能办，以此不任用公。"众乃皆伏。于是梁为会稽守，籍为裨将[⑥]，徇[⑦]下县。

【注释】

①将：带兵。

②眴：目动，眨巴眼睛，使眼色。

③慑伏：因恐惧而屈服。

④谕：告诉。

⑤举：发动。

⑥裨（pí）将：副将。

⑦徇：巡行。

【译文】

秦二世元年七月，陈涉等在大泽乡起义。当年九月，会稽郡守殷通对项梁说："大江以西全都造反了，这也是上天要灭亡秦朝的时候啊。我听说，做事情抢先一步就能控制别人，落后一步就要被人控制。我打算起兵反秦，让您和桓楚统领军队。"当时桓楚正逃亡在草泽之中。项梁说："桓楚正在外逃亡，别人都不知道他的去处，只有项籍知道。"于是项梁出去嘱咐项籍持剑在外面等候，然后又进来跟殷通一起坐下，说："请让我把项籍叫进来，让他奉命去召桓楚。"郡守说："好吧！"项梁就把项籍叫进来了。待了不大一会儿，项梁给项籍使了个眼色，说："可以行动了！"于是项籍拔出剑来斩下了郡守的头。项梁手里提着郡守的头，身上挂了郡守的官印。郡守的部下大为惊慌，一片混乱，项籍一连杀了有一百来人。整个郡府上下都吓得趴倒在地，没有一个人敢起来。项梁召集原先所熟悉的豪强官吏，向他们说明起事反秦的道理，于是就发动吴中之兵起事。项梁派人去接收吴中郡下属各县，共得精兵八千人。又部署郡中豪杰，派他们分别做校尉、军候、司马。其中有一个人没有被任用，自己来找项梁诉说，项梁说："前些日子某家办丧事，我让你去做一件事，你没有办成，所以不能任用你。"众人听了都很敬服。于是项梁做了会稽郡守，项籍为副将，去巡行占领下属各县。

【原文】

项羽已杀卿子冠军，威震楚国，名闻诸侯。乃遣当阳君、蒲将军将卒二万渡河，救钜鹿。战少利，陈馀复请兵。项羽乃悉引兵渡河，皆沉船，破釜[①]甑[②]，烧庐舍，持三日粮，以示士卒必死，无一还心。于是至则围王离，与秦军遇，九战，绝其甬道，大破之，杀苏角，虏王离。涉间不降楚，自烧杀。当是时，楚兵冠诸侯。诸侯军救钜

鹿下者十余壁[③]，莫敢纵兵。及楚击秦，诸将皆从壁上观。楚战士无不一以当十，楚兵呼声动天，诸侯军无不人人惴恐[④]。于是已破秦军，项羽召见诸侯将，入辕门，无不膝行而前[⑤]，莫敢仰视。项羽由是始为诸侯上将军，诸侯皆属焉。

【注释】

①釜：锅。

②甑（zèng）：做饭用的一种瓦器。

③壁：营垒。

④惴（zhuì）恐：恐惧。

⑤膝行而前：跪着用膝盖向前走。

【译文】

项羽诛杀了卿子冠军，威震楚国，名扬诸侯。他首先派遣当阳君、蒲将军率领两万人渡过漳河，援救钜鹿。取得一些胜利，陈馀又来请求增援。项羽就率领全部军队渡过漳河，把船只全部弄沉，把锅碗全部砸破，把军营全部烧毁，只带上三天的干粮，以此向士卒表示一定要决死战斗，毫无退还之心。部队抵达前线，就包围了王离，与秦军遭遇，交战多次，阻断了秦军所筑甬道，大败秦军，杀了苏角，俘虏了王离。涉间拒不降楚，自焚而死。这时，楚军强大居诸侯之首，前来援救钜鹿的诸侯各军筑有十几座营垒，没有一个敢发兵出战。到楚军攻击秦军时，他们都只在营垒中观望。楚军战士无不以一当十，士兵杀声震天，诸侯军人人战栗胆寒。项羽在打败秦军以后，召见诸侯将领，当他们进入军门时，一个个都跪着用膝盖向前走，没有谁敢抬头仰视。自此，项羽真正成了诸侯的上将军，各路诸侯都隶属于他。

【原文】

行略定秦地。函谷关[1]有兵守关，不得入。又闻沛公已破咸阳，项羽大怒，使当阳君等击关。项羽遂入，至于戏西。沛公军霸上，未得与项羽相见。沛公左司马曹无伤使人言于项羽曰："沛公欲王关中，使子婴为相，珍宝尽有之。"项羽大怒，曰："旦日飨[2]士卒，为击破沛公军！"

当是时，项羽兵四十万，在新丰鸿门，沛公兵十万，在霸上。范增说项羽曰："沛公居山东时，贪于财货，好美姬。今入关，财物无所取，妇女无所幸[3]，此其志不在小。吾令人望其气，皆为龙虎，成五采，此天子气也。急击勿失。"

【注释】

①函谷关：古时雄关之一，入秦的必经要塞。

②飨（xiǎng）：用酒食犒劳。

③幸：宠幸，临幸。

【译文】

项羽带兵西行，要去平定秦地。到了函谷关，关内有士兵把守，不能进去。又听说沛公已经攻下咸阳，项羽非常生气，就派当阳君等攻打函谷关。这样项羽也进了关，到达戏水之西。当时，沛公的军队驻扎在霸上，没能跟项羽相见。沛公的左司马曹无伤派人告诉项羽说："沛公想在关中称王，让秦王子婴为相，珍奇宝物都占为己有了。"项羽大为愤怒，说："明天准备酒食，好好犒劳士卒，给我把沛公的部队打垮！"

这时候，项羽有兵卒四十万，驻扎在新丰鸿门；沛公有兵卒十万，驻扎在霸上。范增劝项羽说："沛公住在山东的时候，贪图财货，宠爱美女。现在进了关，财物不取，也不亲近美女，看这势头他的志气可不小啊。我让人观望他那边的云气，都呈现出龙虎之状，五彩斑斓，这是天子的瑞气呀。希望您赶快进攻，不要错失良机！"

【原文】

楚左尹项伯者，项羽季父也，素善留侯张良。张良是时从沛公，项伯乃夜驰之沛公军，私见张良，具告以事，欲呼张良与俱去。曰："毋从俱死也。[①]"张良曰："臣为韩王送沛公，沛公今事有急，亡去不义，不可不语。"良乃入，具告沛公。沛公大惊，曰："为之奈何？"张良曰："谁为大王为此计者？"曰："鲰生[②]说我曰'距关，毋内诸侯，秦地可尽王也'。故听之。"良曰："料大王士卒足以当项王乎？"沛公默然，曰："固不如也，且为之奈何？"张良曰："请往谓项伯，言沛公不敢背项王也。"沛公曰："君安与项伯有故？"张良曰："秦时与臣游，项伯杀人，臣活之。今事有急，故幸来告良。"沛公曰："孰与[③]君少长？"良曰："长于臣。"沛公曰："君为我呼入，吾得兄事之。"张良出，要项伯。项伯即入见沛公。沛公奉卮酒[④]为寿，约为婚姻，曰："吾入关，秋豪[⑤]不敢有所近，籍吏民，封府库，而待将军。所以遣将守关者，备他盗之出入与非常也。日夜望将军至，岂敢反乎！愿伯具言臣之不敢倍德也。"项伯许诺，谓沛公曰："旦日不可不蚤自[⑥]来谢项王。"沛公曰："诺。"于是项伯复夜去，至军中，具以沛公言报项王。因言曰："沛公不先破关中，公岂敢入乎？今人有大功而击之，不义也，不如因善遇之。"项王许诺。

【注释】

①毋（wú）从俱死也：不要跟着沛公一起死。

②鲰（zōu）生：古代骂人之词，意为浅薄愚陋的人。

③孰与：意思是“与……比，哪一个……”。

④卮（zhī）酒：指用卮盛的酒。卮，古代盛酒的器皿。

⑤秋豪：秋天鸟兽新生的细毛。喻微细。豪，通“毫”。

⑥蚤（zǎo）自：蚤，通“早”，早一点。自，亲自。

【译文】

楚国的左尹项伯，是项羽的小叔叔，一向跟留侯张良要好。张良这时正跟随沛公，项伯就连夜驱马跑到沛公军中，私下会见张良，把事情全都告诉了他，想叫张良跟他一起离开。项伯说：“不要跟沛公一块儿送死啊。”张良说：“我为韩王护送沛公，沛公如今情况危急，我若逃走就太不仁不义了，不能不告诉他。”张良于是进入军帐，把项伯的话全部告诉了沛公。沛公大为吃惊，说：“该怎么办呢？”张良说：“是谁给您出的派兵守关这个主意？”沛公说：“是一个浅陋小人劝我说‘守住函谷关，不要让诸侯军进来，您就可以占据整个秦地称王了’。所以我听了他的话。”张良说：“估计您的兵力敌得过项王吗？”沛公沉默了一会儿，说：“当然敌不过，那怎么办呢？”张良说：“请让我前去告诉项伯，就说沛公是不敢背叛项王的。”沛公说：“您怎么跟项伯有交情呢？”张良说：“还是在秦朝的时候，我们就有交往，项伯杀了人，我救了他。如今情况危急，幸好他来告诉我。”沛公说：“你们两人谁的年龄大？”张良说：“他比我大。”沛公说：“您替我请他进来，我要以兄长的礼节待他。”张良出去请项伯。项伯进来与沛公相见。沛公捧着一杯酒，献给项伯，又订下了儿女婚姻。沛公说：“我进驻函谷关以后，连最细小的东西都没敢动，登记了官民的户口，查封了各类仓库，

（将军队撤回霸上驻扎，）只等着项将军到来。我之所以派将守关，是为了防备其他盗贼窜入和意外的变故。我日夜盼着项将军到来，哪里敢谋反啊！希望您详细转告项将军，说我是绝不敢忘恩负义的。”项伯答应了，对沛公说：“明天可千万得及早亲自来向项王告罪。”沛公说：“好。”于是项伯连夜离开，回到军营中，把沛公的话一一报告了项王，趁机说：“如果不是沛公先攻破关中，您怎么敢入关呢？如今人家有大功反而要攻打人家，这是不符合道义的，不如就此好好对待他。”项王答应了。

【原文】

沛公旦日从百余骑来见项王，至鸿门，谢曰：“臣与将军戮力[①]而攻秦，将军战河北，臣战河南，然不自意能先入关破秦，得复见将军于此。今者有小人之言，令将军与臣有隙。”项王曰：“此沛公左司马曹无伤言之；不然，籍何以至此。”项王即日因留沛公与饮。项王、项伯东向坐，亚父南向坐。亚父者，范增也。沛公北向坐，张良西向侍。范增数(shuò)目项王，举所佩玉玦以示之者三，项王默然不应。范增起，出召项庄，谓曰：“君王为人不忍，若入前为寿，寿毕，请以剑舞，因击沛公于坐，杀之。不者，若属皆且为所虏。”庄则入为寿。寿毕，曰：“君王与沛公饮，军中无以为乐，请以剑舞。”项王曰：“诺。”项庄拔剑起舞，项伯亦拔剑起舞，常以身翼蔽沛公，庄不得击。于是张良至军

门，见樊哙[②]。樊哙曰："今日之事何如？"良曰："甚急。今者项庄拔剑舞，其意常在沛公也。"哙曰："此迫矣，臣请入，与之同命。"哙即带剑拥盾入军门。交戟之卫士欲止不内，樊哙侧其盾以撞，卫士仆地，哙遂入，披帷西向立，瞋目视项王，头发上指，目眦（zì）尽裂。项王按剑而跽[③]曰："客何为者？"张良曰："沛公之参乘樊哙者也。"项王曰："壮士！赐之卮酒。"则与斗卮酒。哙拜谢，起，立而饮之。项王曰："赐之彘[④]肩。"则与一生彘肩。樊哙覆其盾于地，加彘肩上，拔剑切而啖[⑤]之。项王曰："壮士，能复饮乎？"樊哙曰："臣死且不避，卮酒安足辞！夫秦王有虎狼之心，杀人如不能举，刑人[⑥]如不恐胜，天下皆叛之。怀王与诸将约曰'先破秦入咸阳者王之'。今沛公先破秦入咸阳，豪毛不敢有所近，封闭宫室，还军霸上，以待大王来。故遣将守关者，备他盗出入与非常也。劳苦而功高如此，未有封侯之赏，而听细说[⑦]，欲诛有功之人。此亡秦之续耳，窃为大王不取也。"项王未有以应，曰："坐。"樊哙从良坐。坐须臾，沛公起如厕[⑧]，因招樊哙出。

沛公已出，项王使都尉陈平召沛公。沛公曰："今者出，未辞也，为之奈何？"樊哙曰："大行不顾细谨，大礼不辞小让。如今人方为刀俎，我为鱼肉，何辞为？"于是遂去。乃令张良留谢。良问曰："大王来何操？"曰："我持白璧一双，欲献项王；玉斗一双，欲与亚父。会其怒，不敢献，公为我献之。"张良曰："谨诺。"

当是时，项王军在鸿门下，沛公军在霸上，相去四十里。沛公则置车骑，脱身独骑，与樊哙、夏侯婴、靳强、纪信等四人持剑盾步走，从郦山下，道芷阳间行。沛公谓张良曰："从此道至吾军，不过二十里

耳。度我至军中，公乃入。”

沛公已去，间至军中。张良入谢，曰：“沛公不胜杯杓[9]，不能辞。谨使臣良奉白璧一双，再拜献大王足下；玉斗一双，再拜奉大将军足下。”项王曰：“沛公安在？”良曰：“闻大王有意督过[10]之，脱身独去，已至军矣。”项王则受璧，置之坐上。亚父受玉斗，置之地，拔剑撞而破之，曰：“唉！竖子[11]不足与谋。夺项王天下者，必沛公也，吾属今为之虏矣。”

沛公至军，立诛杀曹无伤。

【注释】

①戮力：合力。

②樊哙（kuài）：沛公刘邦手下将领。

③跽（jì）：双膝着地，上身挺直。

④彘（zhì）：猪。

⑤啖（dàn）：大口地吃。

⑥刑人：给人加刑。

⑦细说：指小人的谗言。

⑧如厕：上厕所。如，往。

⑨不胜杯杓：喝了太多酒，已经醉了。不胜，禁不起。杯杓，两种酒器，借指酒。

⑩督过：责备。

⑪竖子：相当于小子，对人的蔑称。

【译文】

第二天一清早，沛公带着一百多名侍从人马来见项王，到达鸿门，向项王赔罪说："我跟将军合力攻秦，将军在黄河以北作战，我在黄河以南作战，却没想到我能先入关破秦，并在这里又见到您。现在是有小人说了什么坏话，才使得将军和我之间产生了嫌隙。"项王说："是您的左司马曹无伤说的，不然，我怎么会这样！"项王当日留下沛公一起喝酒。项王、项伯面朝东坐，亚父面朝南坐。亚父也就是范增。沛公面朝北坐，张良面朝西陪侍沛公。范增好几次给项王递眼色，又好几次举起身上佩戴的玉玦向他示意，项王只是沉默着，没有反应。范增起身出去，叫来项庄，对他说："君王为人心肠太软，你进去上前敬酒，敬完后请求舞剑，趁机刺杀沛公，把他杀死在坐席上。不然的话，你们这班人都将成为他的俘虏。"项庄进来，上前敬酒。敬完酒，对项王说："君王和沛公饮酒，军营中没有什么可以娱乐的，就让我来舞剑吧。"项王说："那好。"项庄就拔剑起舞，项伯也拔剑起舞，不时用身体像鸟张开翅膀一样掩护沛公，项庄没有办法刺击沛公。见此情景，张良走到军门去见樊哙。樊哙问道："今天的事情怎么样？"张良说："很危急！现在项庄正在舞剑，他一直在打沛公的主意呀！"樊哙说："这么说太危险了，请让我进去，我要跟沛公同生死！"樊哙带着宝剑和盾牌就往军帐里闯。交叉持戟的守门卫士想挡住不让他进去，樊哙侧过盾牌往前一撞，卫士倒在地上，樊哙于是挑开军帐闯进去，面朝西站定，睁圆眼睛怒视项王，头发根根竖起，两边眼角都要睁裂了。项王伸手握住宝剑，挺直身子，问："这位客人是干什么的？"张良说："是沛公的参乘樊哙。"项王说："真是位壮士。赐他一杯酒！"手下的人给他递上来一大杯酒。樊哙拜谢后起身，站着喝了。项王说："赐他一只猪肘！"手下的人递过来一只生猪肘。樊哙把盾牌反扣在地上，把猪肘放在上面，拔出剑来边切边吃。项王说："好一位壮士！还能再喝吗？"樊哙说："我连死都不在乎，一杯酒又有什么可推辞的！那秦王有虎狼一样凶狠的心，杀人唯恐杀不完，给人加刑唯恐用不尽，天下人都叛离了他。怀王曾经和诸将约定说'先击败秦军进入咸阳的就让他在关中为王'。如今沛公先击败秦军进入咸阳，连最细小的财物都没敢动，封闭秦王宫室，把军队撤回到霸上，等待大王您的到来。又特地派遣将士把守函谷关，为的是防备其他盗贼窜入和意外的变故。沛公如此劳苦功高，没有得到封侯的赏赐，您反而听信小人的谗言，要杀害有功之人。这是在走秦朝灭亡的老路，我自认为大王您不会采取这种做法！”樊哙这一番话说得项王无话回答，只是说：“坐！坐！”樊哙挨着张良坐下来。坐了一会儿，沛公起身去上厕所，趁机把樊哙也叫了出来。

沛公出来后，项王派都尉陈平来叫沛公。沛公对樊哙说：“现在我出来，没来得及告辞，怎么办？”樊哙说：“干大事不必顾及小的礼节，讲大节无须躲避小的责备。如今人家好比是刀子和砧板，而我们好比是鱼和肉，还告辞干什么！”于是一行人离开，让张良留下来向项王致歉。临行前张良问：“大王来的时候带了什么礼物？”沛公说：“我拿来白璧一双，准备献给项王；玉斗一对，准备献给亚父。正赶上他们发怒，没敢献上。你替我献上吧。”张良说：“遵命。”

这个时候，项王的部队驻扎在鸿门，沛公的部队驻扎在霸上，相距四十里。沛公扔下车马、侍从，脱身而走。他独自一人骑马，樊哙、夏侯婴、靳强、纪信等四人手持剑盾，跟在后面徒步奔跑，从郦山而下，顺着芷阳抄小路而行。沛公临行前对张良说：“从这条路到我们军营，不超过二十里。估计我们到了军营，您就进去。”

沛公等一行离开鸿门，抄小路回到了军营。张良进去致歉，说道：“沛公酒量不大，喝得多了点，不能跟大王告辞了，谨让臣下张良奉上白璧一双，恭敬地献给大王；玉斗一对，恭敬地献给大将军。”项王问道：“沛公在哪里？”张良答道：“听说大王有意责备他，他就脱身一个人走了，现在已经回到了军营。”项王接过白璧，放在座位上。亚父接过玉斗，扔在地上，拔出剑来击碎了它，说：“唉，这班小子没法跟他们共谋大事。夺取项王天下的，一定是沛公了，我们这班人就要成为俘虏了！”

沛公回到军中，立即杀了曹无伤。

【原文】

项王军壁垓（gāi）下，兵少食尽，汉军及诸侯兵围之数重。夜闻汉军四面皆楚歌，项王乃大惊曰："汉皆已得楚乎？是何楚人之多也！"项王则夜起，饮帐中。有美人名虞，常幸从；骏马名骓，常骑之。于是项王乃悲歌慷慨，自为诗曰："力拔山兮气盖世，时不利兮骓不逝。骓不逝兮可奈何，虞兮虞兮奈若何！"歌数阕[①]，美人和之。项王泣数行下，左右皆泣，莫能仰视。

于是项王乃上马骑，麾下壮士骑从者八百余人，直夜溃围南出，驰走。平明[②]，汉军乃觉之，令骑将灌婴以五千骑追之。项王渡淮，骑能属者百余人耳。项王至阴陵，迷失道，问一田父，田父绐[③]曰"左"。左，乃陷大泽[④]中。以故汉追及之。项王乃复引兵而东，至东城，乃有二十八骑。汉骑追者数千人。项王自度[⑤]不得脱。谓其骑曰："吾起兵至今八岁矣，身七十余战，所当者破，所击者服，未尝败北，遂霸有天下。然今卒困于此，此天之亡我，非战之罪也。今日固决死，愿为诸君快战，必三胜之，为诸君溃围，斩将，刈[⑥]旗，令诸君知天亡我，非战之罪也。"乃分其骑以为四队，四向。汉军围之数重。项王谓其骑曰："吾为公取彼一将。"令四面骑驰下，期山东为三处。于是项王大呼驰下，汉军皆披靡[⑦]，遂斩汉一将。是时，赤泉侯为骑将，追项王，项王瞋目而叱之，赤泉侯人马俱惊，辟易[⑧]数里。与其骑会为三处。汉军不知项王所在，乃分军为三，复围之。项王乃驰，复斩汉一都尉，杀数十百人，复聚其骑，亡其两骑耳。乃谓其骑曰："何如？"骑皆伏曰："如大王言。"

【注释】

①阕（què）：量词。歌曲或词一首为一阕，一首词的一段亦称一阕。

②平明：天刚亮的时候。

③绐（dài）：欺骗。

④大泽：大面积的沼泽地。

⑤度：估计。

⑥刈（yì）：砍断。

⑦披靡：本指草木随风倒伏，这里比喻军队溃败。

⑧辟易：向后退的样子。

【译文】

项王的部队在垓下修筑营垒，兵少粮尽，汉军及诸侯的军队把他们重重包围。深夜，听到汉军在四面唱着楚地的歌，项王大为吃惊，说："难道汉已经完全取得了楚地？怎么楚国人这么多呢？"项王连夜起来，在帐中饮酒。有美人名虞，一直受宠跟在项王身边；有骏马名骓，项王一直骑着它作战。这时候，项王不禁慷慨悲歌，自己作诗吟唱道："力量能拔山啊，英雄气概举世无双，时运不济呀，骓马不再往前闯。骓马不往前闯啊，可怎么办，虞姬呀虞姬，怎么安排你才妥善！"项王唱了几遍，美人虞姬在一旁应和。项王眼泪一道道流下来，左右侍者也都跟着落泪，没有人能抬起头来。

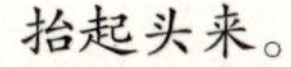

于是项王骑上马，部下壮士八百多人骑马跟在后面，趁夜突破重围，向南冲出，飞驰而逃。天快亮的时候，汉军才发觉，命令骑将灌婴带领五千骑兵去追赶。项王渡过淮河，部下壮士能跟上的只剩下一百多人了。项王到达阴陵时，迷了路，去问一个农夫，农夫骗他说“向左边走”。项王带人向左，陷进了大沼泽地中。因此，汉兵追上了他们。项王又带着骑兵向东，到达东城，这时只剩下二十八名骑兵。汉军骑兵追赶上来的有几千人。项王自己估计不能逃脱，对他的骑兵说：“我带兵起义至今已经八年，亲自打了七十多仗，抵挡我的敌人都被打垮，所攻击的敌人无不降服，从来没有失败过，因而能够称霸，据有天下。可是如今却被困在这里，这是上天要灭亡我，绝不是我作战能力不行。今天肯定得决一死战了，我愿意为诸位打个痛痛快快的仗，一定胜它三回，给诸位冲破重围，斩杀汉将，砍倒军旗，让诸位知道的确是上天要灭亡我，绝不是我作战能力不行。”于是把骑兵分成四队，面朝四个方向。汉军把他们重重包围。项王对骑兵们说：“我来给你们拿下一员汉将！”命令四面骑士驱马飞奔而下，约定冲到山的东边，分作三处集合。于是项王高声呼喊着冲了下去，汉军像草木随风倒伏一样溃败了，项王便杀掉了一名汉将。这时，赤泉侯杨喜为汉军骑将，在后面追赶项王，项王瞪大眼睛呵斥他，赤泉侯连人带马都吓坏了，倒退了好几里。项王与他的骑兵在约定的三处会合。汉军不知项王的去向，就把部队分为三路，再次包围上来。项王驱马冲了上去，又斩了一名汉军都尉，杀死百十来人，聚拢他的骑兵，仅仅损失了两人。项王问骑兵道：“怎么样？”骑兵都敬服地说：“正像大王说的那样。”

【原文】

于是项王乃欲东渡乌江。乌江亭长舣[①]船待，谓项王曰：“江东虽小，地方千里，众数十万人，亦足王也。愿大王急渡。今独臣有船，汉军至，无以渡。”项王笑曰：“天之亡我，我何渡为！且籍与江东子弟八千人渡江而西，今无一人还，纵江东父兄怜而王我，我何面目见之？纵彼不言，籍独不愧于心乎？”乃谓亭长曰：“吾知公长者。吾骑此马五岁，所当无敌，尝[②]一日行千里，不忍杀之，

以赐公。”乃令骑皆下马步行，持短兵接战。独籍所杀汉军数百人。项王身亦被十余创。顾见汉骑司马吕马童，曰：“若非吾故人乎？”马童面之，指王翳（yì）曰：“此项王也。”项王乃曰：“吾闻汉购[③]我头千金，邑[④]万户，吾为若德。”乃自刎而死。王翳取其头，余骑相蹂践争项王，相杀者数十人。最其后，郎中骑杨喜，骑司马吕马童，郎中吕胜、杨武各得其一体。五人共会其体，皆是。故分其地为五：封吕马童为中水侯，封王翳为杜衍侯，封杨喜为赤泉侯，封杨武为吴防侯，封吕胜为涅阳侯。

【注释】

①舣（yǐ）：使船靠岸。

②尝：曾经。

③购：悬赏征求。

④邑：封地。

【译文】

这时候，项王想要向东渡过乌江。乌江亭长正停船靠岸等在那里，对项王说：“江东虽然小，但土地方圆上千里，民众有几十万，也足够称王了。希望大王快快渡江。现在只有我有船，汉军到了，没法渡过去。”项王笑了笑说：“上天要灭亡我，我还渡乌江干什么！再说我和江东子弟八千人渡江西征，如今他们没有一个人回来，纵使江东的父老兄弟怜爱我让我做王，我又有什么脸面去见他们？纵使他们不说什么，我项籍心中难道没有愧吗？”于是对亭长说：“我知道您是位忠厚长者，我骑着这匹马征战了五年，所向无敌，曾经日行千里，我不忍心杀掉它，把它送给您吧。”随后命令骑兵都下马步行，手持短兵器与追兵交战。光项籍一个人就杀掉汉军几百人。项王身上也受了十几处伤。项王回头看见汉军骑司马吕马童，说：“你不是我的旧相识吗？”吕马童这时才跟项王打了个对脸儿，指着项王对王翳说：“这就是项王。”项王说：“我听说汉王用黄金千斤、封邑万户的悬赏征求我的脑袋，我就把这份好处送给你吧！”说完，自刎而死。王翳拿下项王的头，其他骑兵互相践踏争抢项王的躯体，由于相争而被杀死的有几十人。最后，郎中骑将杨喜，骑司马吕马童，郎中吕胜、杨武各争得一块肢体。五人把肢体拼合起来都合得上。因此汉王把悬赏的土地分成五块：封吕马童为中水侯，封王翳为杜衍侯，封杨喜为赤泉侯，封杨武为吴防侯，封吕胜为涅阳侯。

名师点评

这篇《项羽本纪》里，项羽的英雄本色和失败原因都表现得鲜明生动。项羽少时既粗俗且不凡。项羽起义，南征北战，勇猛无敌，不愧为盖世英雄。巨鹿之战后，项羽成为诸侯盟主。鸿门宴成为项羽事业的转折点，反秦斗争也转变为楚汉相争。项羽设鸿门宴，他本可以杀掉刘邦，如果这样，历史将会是另一番模样。可是当年的项羽还是一个青年人，是一个马背上的将军，他优柔寡断又缺乏智谋，刚愎自用、目光短浅且缺乏政治经验。刘邦老谋深算，抓住项羽的弱点，与樊哙一行对好口径，颠倒事实，一番巧辩，反而数落得项羽自觉理亏。这场斗争，项羽主动变被动，它预示项羽必败。所以范增说：“今天放走刘邦，日后我们都要成为他的俘虏！”不幸言中。数年后，楚王项羽失败，汉王刘邦胜利，建立了汉朝。关于项羽失败的原因，司马迁曾在赞语中详列了五条，其中自矜功伐不行仁政，专恃武力失去民心是最主要的原因。

作为一位领袖人物，项羽性格上的缺陷是致命的。而对于我们来说，这些缺点也是成功路上的重大阻碍，所以我们应该以史为鉴，反省自身，避免出现这些错误。当然，项羽作为著名的历史人物，也是一位了不起的英雄。项羽远大的抱负、豪迈的气概和破釜沉舟的勇气都值得我们学习。

延伸/阅读

范　增

范增（公元前 277—前 204 年），居巢（今安徽桐城南）人。早年随项梁反秦，后跟随项羽参加巨鹿之战，攻破关中，屡献奇计，是项羽的主要谋士，被项羽尊为“亚父”，封历阳侯。曾屡劝项羽杀掉刘邦，以夺取统治政权。鸿门宴上，范增多次示意项羽杀刘邦，劝说项庄舞剑借机行刺刘邦，终未成功。后因刘邦的谋士陈平施反间计而为项羽所疑，被削职。病死。宋苏轼著有《范增论》。

学海/拾贝

☆ 书足以记名姓而已。剑一人敌，不足学，学万人敌。

☆ 项羽乃悉引兵渡河，皆沉船，破釜甑，烧庐舍，持三日粮，以示士卒必死，无一还心。

☆ 今者项庄拔剑舞，其意常在沛公也。

☆ 大行不顾细谨，大礼不辞小让。如今人方为刀俎，我为鱼肉，何辞为？

☆ 竖子不足与谋。

☆ 力拔山兮气盖世，时不利兮骓不逝。骓不逝兮可奈何，虞兮虞兮奈若何！

高祖本纪

名师导读

《高祖本纪》记述了汉高祖刘邦从一介布衣到皇帝的传奇人生。本篇节选了高祖降生、斩白蛇、约法三章、登上皇帝宝位等精彩内容，将刘邦千古一帝的形象全面而生动地展现出来。

【原文】

扫码看视频

高祖，沛丰邑中阳里人，姓刘氏，字季。父曰太公，母曰刘媪（ǎo）。其先刘媪尝息大泽之陂①，梦与神遇。是时雷电晦冥，太公往视，则见蛟龙于其上。已而有身，遂产高祖。

高祖为人，隆准而龙颜，美须髯，左股有七十二黑子。仁而爱人，喜施，意豁如也。常有大度，不事家人生产作业。及壮，试为吏，为泗水亭长，廷中吏无所不狎侮②。好酒及色。常从王媪、武负贳③酒，醉卧，武负、王媪见其上常有龙，怪之。高祖每酤留饮，酒雠（chóu）数倍。及见怪，岁竟，此两家常折券弃责。

【注释】

①陂（bēi）：水边，岸边。

②狎（xiá）侮：戏弄。

③贳（shì）：租赁，赊欠。

【译文】

高祖是沛县丰邑中阳里人，姓刘，字季。他的父亲刘太公，母亲刘媪。先前刘媪曾经在大泽的岸边休息，梦中与神相交合。当时雷鸣电闪，天昏地暗，太公正好前去看她，见到一条蛟龙在她身上。不久，刘媪有了身孕，生下高祖。

高祖这个人，高鼻梁，像龙一样丰满的额角，漂亮的胡须，左腿上有七十二颗黑痣。他仁厚爱人，喜欢施舍，心胸豁达。他平素具有干大事业的气度，不干平常人家生产劳作的事。到了成年以后，他试着去做官，当了泗水亭长，对官署中的官吏，没有不加捉弄的。他喜欢喝酒，好女色。常常到王媪、武负那里赊酒喝，喝醉了躺倒就睡，武负、王媪看到他身上常有龙出现，觉得这个人很奇怪。高祖每次去买酒，留在店中畅饮，买酒的人就会增加，卖出去的酒是平常的几倍。等到看见了有龙出现的怪现象，年终时，这两家就把记账的简札折断，不再向高祖讨账。

【原文】

高祖常繇咸阳，纵观①，观秦皇帝，喟然②太息曰："嗟乎，大丈夫当如此也！"

单父人吕公善沛令，避仇从之客，因家沛焉。沛中豪桀（jié）吏闻令有重客，皆往贺。萧何为主吏，主进，令诸大夫曰："进不满千钱，坐之堂下③。"高祖为亭长，素④易⑤诸吏，乃绐为谒曰"贺钱万"，实不持一钱。谒入，吕公大惊，起，迎之门。吕公者，好相人，见高祖状貌，因重敬之，引入坐。萧何曰："刘季固多大言，少成事。"

高祖因狎侮诸客，遂坐上坐，无所诎。酒阑，吕公因目固留高祖。高祖竟酒，后。吕公曰："臣少好相人，相人多矣，无如季相，愿季自爱。臣有息女[⑥]，愿为季箕帚妾。"酒罢，吕媪怒吕公曰："公始常欲奇此女，与贵人。沛令善公，求之不与，何自妄[⑦]许与刘季？"吕公曰："此非儿女子所知也。"卒与刘季。吕公女乃吕后也，生孝惠帝、鲁元公主。

【注释】

①纵观：意思是任人随意观看。

②喟（kuì）然：叹气的样子。

③坐之堂下：等于说"使之坐于堂下"，让他坐在堂下。

④素：平素。

⑤易：轻视，看不起。

⑥息女：亲生女儿。息，生。

⑦妄：随便。

【译文】

高祖曾经到咸阳服徭役，有一次秦始皇出巡，允许民众观瞻，他看到了秦始皇，长叹一声说："唉，大丈夫应该像这个样子！"

单父人吕公与沛县县令要好，为躲避仇人投奔到县令这里客居，于是就在沛县安了家。沛中的豪杰、官吏听说县令有贵客，都前往祝贺。萧何当时是县令的属官，掌管收贺礼事宜，他对那些送礼的宾客说："送礼不满千金的，让他坐到堂下。"高祖做亭长，平素就看不起这帮官吏，于是在进见的名帖上谎称"贺钱一万"，其实他一个钱也没带。名帖递进去了，吕公大为吃惊，赶快起身，到门口去迎接他。吕公这个人，喜欢给人相面，看见高祖的相貌，就非常敬重他，把他领到堂上坐下。萧何说："刘季一向满口说大话，很少做成什么事。"高祖就趁机戏弄那些宾客，干脆坐到上座去，一点儿也不谦让。酒喝得尽兴了，吕公于是向高祖递眼色，让他一定留下来。高祖喝完了酒，留在后面。吕公说："我从年轻的时候就喜欢给人相面，经我相面的人多了，没有谁能比得上你刘季的面相，希望你好自珍爱。我有一个亲生女儿，愿意许给你做你的洒扫妻妾。"酒宴散了，吕媪对吕公大为恼火，说："你起初总是想让女儿出人头地，把她许配给贵人。沛县县令跟你要好，想娶女儿你不同意，今天你为什么随随便便地就把她许给刘季了呢？"吕公说："这不是妇孺之辈所能懂得的。"最终把女儿嫁给了刘季。吕公的女儿就是吕后，生了孝惠帝和鲁元公主。

【原文】

高祖为亭长时，常告归之田。吕后与两子居田中耨①，有一老父过请饮②，吕后因铺之。老父相吕后曰："夫人天下贵人。"令相两子，见孝惠，曰："夫人所以贵者，乃此男也。"相鲁元，亦皆贵。老父已去，高祖适从旁舍来，吕后具③言客有过，相我子母皆大贵。高祖问，曰："未远。"乃追及，问老父。老父曰："乡者④夫人婴儿皆似君，君相贵不可言。"高祖乃谢曰："诚⑤如父言，不敢忘德。"及高祖贵，遂不知老父处。

【注释】

①耨（nòu）：锄草。

②请饮：要水喝。请，求，要。

③具：原原本本地。

④乡者：刚才。

⑤诚：如果，果真。

【译文】

高祖做亭长的时候，经常请假回家到田里去。有一次吕后和孩子正在田中锄草，有一老汉从这里经过讨水喝，吕后让他喝了水，还拿饭给他吃。老汉给吕后相面说："夫人真是天下的贵人。"吕后又让他给两个孩子相面，他见了孝惠帝，说："夫人之所以显贵，正是因为这个男孩子。"他又给鲁元相面，也同样是富贵面相。老汉走后，高祖正巧从旁边的房舍走过来，吕后就把刚才那老人经过此地，给他们看相，说他们母子都是富贵之相的情况，原原本本地告诉了高祖。高祖问这个人在哪儿，吕后说："还未走远。"于是高祖追上老汉，问他刚才的事。老汉说："刚才我看贵夫人及子女的面相都很像您，您的面相简直是贵不可言。"高祖于是道谢说："如果真的像老人家所说，我绝不会忘记你的恩德。"等到高祖显贵的时候，始终不知道老汉的去处。

【原文】

高祖为亭长，乃以竹皮为冠，令求盗之薛治之，时时冠之，及贵常冠，所谓"刘氏冠"乃是也。

高祖以亭长为县送徒郦山，徒多道亡[①]。自度比至皆亡之，到丰西泽中，止饮，夜乃解纵[②]所送徒。曰："公等[③]皆去，吾亦从此逝矣！"徒中壮士愿从者十余人。高祖被酒，夜径泽中，令一人行前。行前者还报曰："前有大蛇当径，愿还。"高祖醉，曰："壮士行，何畏！"乃前，拔剑击斩蛇。蛇遂分为两，径开。行数里，醉，因卧。后人来至蛇所，有一老妪[④]夜

哭。人问何哭，妪曰："人杀吾子，故哭之。"人曰："妪子何为见杀⑤？"妪曰："吾子，白帝子也，化为蛇，当道，今为赤帝子斩之，故哭。"人乃以妪为不诚，欲告之，妪因忽不见。后人至，高祖觉。后人告高祖，高祖乃心独喜，自负。诸从者日益畏之。

【注释】

扫码看视频

①道亡：半路逃走。亡，逃。

②解纵：释放，放走。纵，放。

③公等：你们这班人。公，对对方的尊称。

④老妪：老妇人。

⑤见杀：被杀。见，被。

【译文】

高祖做亭长时，喜欢戴用竹皮编制的帽子，他让掌管捕盗的差役到薛地去制作，经常戴着，后来显贵了，仍旧经常戴着。人们所说的"刘氏冠"，指的就是这种帽子。

高祖以亭长的身份为沛县押送役徒去郦山，役徒有很多在半路逃走了。高祖估计等到了骊山也就会都逃光了，所以走到丰西大泽中时，就停下来饮酒，趁着夜晚把所有的役徒都放了。高祖说："你们都逃命去吧，从此我也要远远地走了！"役徒中有十多个壮士愿意跟随他一块儿走。高祖趁着酒意，夜里抄小路通过沼泽地，让一个役徒在前边先走。走在前边的人回来报告说："前边有条大蛇挡在路上，还是回去吧。"高祖已醉，说："大丈夫走路，有什么可怕的！"于是赶到前面，拔剑去斩大蛇。大蛇被斩成两截，道路打开了，继续往前走了几里，高祖醉得厉害，就躺倒在地上。后边的人来到斩蛇的地方，看见有一老妇在暗夜中哭泣。有人问她为什么哭，老妇人说："有人杀了我的孩子，我在哭他。"有人问："你的孩子为什么被杀呢？”老妇说：“我的孩子是白帝之子，变化成蛇，挡在道路中间，如今被赤帝之子杀了，我就是为这个哭啊。”众人以为老妇人在说谎，正要打她，老妇人却忽然不见了。后面的人赶上了高祖，高祖醒了。那些人把刚才的事告诉了高祖，高祖心中暗暗高兴，更加自负。那些追随他的人也渐渐地畏惧他了。

【原文】

沛公引兵西，遇彭越昌邑，因与俱攻秦军，战不利。还至栗，遇刚武侯，夺其军，可四千余人，并之。与魏将皇欣、魏申徒武蒲之军并攻昌邑，昌邑未拔[①]。西过高阳。郦食（yì）其（jī）为监门，曰：“诸将过此者多，吾视沛公大人长者。”乃求见说沛公。沛公方踞床[②]，使两女子洗足。郦生不拜，长揖，曰:“足下必欲诛无道秦，不宜踞见长者。”于是沛公起，摄衣[③]谢之，延上坐。食其说[④]沛公袭陈留，得秦积粟。乃以郦食其为广野君，郦商为将，将陈留兵，与偕攻开封，开封未拔。西与秦将杨熊战白马，又战曲遇东，大破之。杨熊走之荥阳，二世使使者斩以徇。南攻颍（yǐng）阳，屠之。因张良遂略韩地轘（huán）辕。

【注释】

①拔：攻克。

②踞床：伸开腿坐在床上。是非常不礼貌的姿势。踞，伸开腿坐。

③摄衣：整理衣服。

④说：劝说。

【译文】

沛公率兵西进，在昌邑与彭越相遇。于是和他一起攻打秦军，战事不利。撤兵到栗县，正好遇到刚武侯，就把他的军队夺了过来，大约有四千人，并入了自己的军队。又与魏将皇欣、魏申徒武蒲的军队合力攻打昌邑，没有攻下。沛公继续西进，经过高阳。郦食其负责看管城门，他说："各路经过此地的多了，我看只有沛公才是个德行高尚忠厚老实的人。"于是前去求见，游说沛公。沛公当时正叉开双腿坐在床上，让两个女子给他洗脚。郦食其见了并不叩拜，只是略微俯身做了个长揖，说："如果您一定要诛灭没有德政的暴秦，就不应该坐着接见长者。"于是沛公站起身来，整理衣服，向他道歉，把他请到上坐。郦食其劝说沛公袭击陈留，得到了秦军储存的粮食。沛公就封郦食其为广野君，任命他的弟弟郦商为将军，统率陈留的军队，与沛公一起攻打开封，没有攻下。继续向西，与秦将杨熊在白马打了一仗，又在曲遇东面打了一仗，大破秦军。杨熊逃到荥阳去了，秦二世派使者将他斩首示众。沛公又向南攻打颍阳，屠戮颍阳城民众。通过张良的关系，占领了韩国的轘辕险道。

【原文】

汉元年十月，沛公兵遂先诸侯至霸上。秦王子婴素车白马，系颈以组，封皇帝玺符节[①]，降轵（zhǐ）道旁。诸将或言诛秦王。沛公曰："始怀王遣我，固以能宽容；且人已服降，又杀之，不祥。"乃以秦王属吏，遂西入咸阳。欲止宫休舍[②]，樊哙、张良谏，乃封秦重宝财物府库，还军霸上。召诸县父老豪桀曰："父老苦秦苛法[③]久矣，诽谤者族，偶语[④]者弃市。吾与诸侯约，先入关者王之，吾当王关中。与父老约，法三章耳：杀人者死，伤人及盗抵罪。余悉除去秦法。诸

吏人皆案堵[5]如故。凡吾所以来，为父老除害，非有所侵暴，无恐！且吾所以还军霸上，待诸侯至而定约束耳。”乃使人与秦吏行县乡邑，告谕之。秦人大喜，争持牛羊酒食献飨军士。沛公又让不受，曰：“仓粟多，非乏，不欲费[6]人。”人又益喜，唯恐沛公不为秦王。

【注释】

①符节：古代朝廷传达命令或征调兵将时用作信物的凭证。

②休舍：休息。

③苛法：苛虐的法令。

④偶语：相聚谈话。

⑤案堵：安居，安定。案，通“安”。

⑥费：花费资财，耗费。

【译文】

汉元年十月，沛公的军队在各路诸侯中最先到达霸上。秦王子婴驾着白车白马，用丝绳系着脖子，封好皇帝的御玺和符节，在轵道旁投降。将领们有的说应该杀掉秦王。沛公说：“当初怀王派我攻关中，就是认为我能宽厚容人；再说人家已经投降了，又杀掉人家，这么做不吉利。”于是把秦王交给主管官吏，就向西进入咸阳。沛公想留在秦宫中休息，樊哙、张良劝阻，这才下令把秦宫中的贵重宝器财物和库府都封好，然后退回来驻扎在霸上。沛公招来各县的父老和有才德有名望的人，对他们说：“父老们苦于秦朝的苛虐法令已经很久了，批评朝政得失的要灭族，相聚谈话的要处以死刑。我和诸侯们约定，谁首先进入关中就在这里做王，所以我应当当关中王。现在我和父老们约定，法律只有三条：杀人者处死刑，伤人者和抢劫者依法治罪。其余凡是秦朝的法律全部废除。所有官吏和百姓都像往常一样，安居乐业。总之，我到这里来，就是要为父老们除害，不会对你们有任何侵害，请不要害怕！再说，我之所以把军队撤回霸上，是想等着各路诸侯到来，共同制定规约。”随即派人和秦朝的官吏一起到各县镇乡村巡视，向民众讲明情况。秦地的百姓都非常喜悦，争着送来牛羊酒食，慰劳士兵。沛公推让不肯接受，说：“仓库里的粮食不少，并不缺乏，不想让大家破费。”人们更加高兴，唯恐沛公不在关中做秦王。

【原文】

正月，诸侯及将相相与共请尊汉王为皇帝。汉王曰：“吾闻帝贤者有也，空言虚语，非所守也，吾不敢当①帝位。”群臣皆曰：“大王起微细②，诛暴逆，平定四海，有功者辄裂地③而封为王侯。大王不尊号，皆疑不信④。臣等以死守之。”汉王三让，不得已，曰：“诸君必以为便⑤，便国家。”甲午，乃即皇帝位氾水之阳。

皇帝曰义帝无后。齐王韩信习⑥楚风俗，徙为楚王，都下邳。立建成侯彭越为梁王，都定陶。故韩王信为韩王，都阳翟。徙衡山王吴芮为长沙王，都临湘。鄱君之将梅销有功，从入武关，故德鄱君。淮南王布、燕王臧荼、赵王敖皆如故。

【注释】

①不敢当：承担不起。

②微细：指平民。

③裂地：分赏土地。

④疑不信：指对裂地封侯疑而不信。

⑤便：便利。

⑥习：熟悉。

【译文】

正月，诸侯及将相共同尊请汉王为皇帝。汉王说："我听说皇帝的尊号，贤能的人才能享有，徒有虚名而无实际的人，是守不住皇帝之位的，我可承担不了皇帝的尊号。"大臣们都说："大王从平民起事，诛伐暴逆，平定四海，有功的分赏土地封为王侯，如果大王不称皇帝尊号，人们对大王的封赏就都不会相信。我们这班人愿意以死相请求。"汉王辞让再三，实在推辞不过了，才说："既然诸位坚持认为我称帝有利，那我从有利于国家的角度考虑接受你们的意见。"甲午日，汉王在氾水北面登临皇帝之位。

皇帝提到义帝没有后代。因为齐王韩信熟悉楚地的风俗，就改封韩信为楚王，建都下邳。封建成侯彭越为梁王，建都定陶。原韩王信仍旧为韩王，建都阳翟。改封衡山王吴芮为长沙王，建都临湘。鄱君的部将梅鋗有功劳，曾经随汉军进入武关，所以皇帝感激鄱君。淮南王黥布、燕王臧荼、赵王张敖封号都不改变。

【原文】

天下大定。高祖都雒（luò）阳，诸侯皆臣属[①]。故临江王驩为项羽叛汉，令卢绾、刘贾围之，不下。数月而降，杀之雒阳。

五月，兵皆罢[②]归家。诸侯子在关中者复之十二岁，其归者复之六岁，食[③]之一岁。

高祖置酒雒阳南宫。高祖曰："列侯诸将无敢隐朕，皆言其情。吾所以有天下者何？项氏之所以失天下者何？"高起、王陵对曰："陛下慢而侮人，项羽仁而爱人。然陛下使人攻城略地，所降下者因以予之，与天下同利也。项羽妒贤嫉能，有功者害[④]之，贤者疑之，战胜而不予人功，得地而不予人利，此所以失天下也。"高祖曰："公知其一，未知其二。夫运筹策[⑤]帷帐[⑥]之中，决胜于千里之外，

吾不如子房。镇国家，抚百姓，给馈饟，不绝粮道，吾不如萧何。连百万之军，战必胜，攻必取，吾不如韩信。此三者，皆人杰也，吾能用之，此吾所以取天下也。项羽有一范增而不能用，此其所以为我擒也。”高祖欲长都雒阳，齐人刘敬说，乃留侯劝上入都关中，高祖是日⑦驾，入都关中。六月，大赦天下。

【注释】

①臣属：称臣归从。

②罢：遣去，遣归。

③食：供养。

④害：忌妒，嫉恨。

⑤筹策：谋求，计谋。

⑥帷帐：军帐，幕府。

⑦是日：这一天。

【译文】

天下全都平定了，高祖定都洛阳，诸侯都称臣归从于高祖。原临江王共驩为项羽效忠，反叛汉朝，高祖派卢绾、刘贾去包围他，没有攻下。过了几个月共驩才投降，在洛阳把他杀了。

五月，士兵都遣散回家了。各诸侯子弟留在关中的，免除赋税徭役十二年，回到封国去的免除赋税徭役六年，国家供养他们一年。

高祖在洛阳南宫摆设酒宴。高祖说：“列侯和各位将领，你们不能瞒我，都要说真心话。我之所以能取得天下，是因为什么呢？项羽之所以失去天下，又是因为什么呢？”高起、王陵回答说：“陛下傲慢而且好侮辱别人，项羽仁厚而且爱护别人。可是陛下派人攻打城池夺取土地，所攻下和降服的地方就分封给人们，跟天下人同享利益。而项羽妒贤嫉能，有功的就忌妒人家，有才能的就怀疑人家，打了胜仗不给人家授功，夺得了土地不给人家好处，这就是他失去天下的原因。”高祖说：“你们只知其一，不知其二。如果说运筹帷幄之中，决胜于千里之外，我比不上张子房；镇守国家，安抚百姓，供给粮饷，保证运粮道路不被阻断，我比不上萧何；统率百万大军，战则必胜，攻则必取，我比不上韩信。这三个人都是人中俊杰，我却能够任用他们，这就是我能够取得天下的原因所在。项羽虽然有一位范增却不被信任，这就是他被我擒获的原因。”

高祖打算长期定都洛阳，齐人刘敬劝说，还有留侯张良也劝说高祖进入关中定都，高祖当天就起驾入关，到关中去建都。六月，大赦天下。

名师点评

《高祖本纪》在叙述史事的同时，还写出了刘邦获得成功的客观和主观原因。客观方面，秦政暴虐，人民起义风起云涌，刘邦顺应时势，加入了起义军行列。刘邦在西征途中避实击虚，项羽承担了主战场抗击秦军的重任。主观方面，刘邦之所以能够成就汉室大业，除了他自身具备安抚天下的远见卓识、雄才大略，并且懂得争取民心外，还与他知人善任有着莫大的关系。刘邦自己总结成功的经验时也特别强调这一点，说明他重视人才、善用人才，这也是他主观努力发挥到极致的表现。人才为兴邦之本，正所谓为治以知人为先，知人才能善任。知人善任在现代社会同样重要，尤其是对管理者而言，只有精通用人之道，才能让有才之人发挥所长，从而在事业上获得成功。

延伸/阅读

萧　何

萧何（公元前257—前193年），沛县丰邑（今江苏丰县）人。西汉开国功臣，“汉初三杰”之一。早年任秦沛县狱吏，秦末辅佐刘邦起义。攻克咸阳后，他接收了秦丞相、御史府所藏的律令、图书，掌握了全国的山川险要、郡县户口等情况，对日后制定政策和取得楚汉战争胜利起了重要作用。楚汉战争时，他留守关中，使关中成为汉军的稳固后方，不断地输送士卒、粮饷支援作战，对刘邦战胜项羽、建立汉朝起了重要作用。萧何选取秦六法，重新制定律令制度，编成《九章律》。在法律思想上，主张无为，喜好黄老之术。汉高帝十一年（公元前196年）又协助刘邦平定韩信、英布等异姓诸侯王叛乱。刘邦死后，辅佐汉惠帝。惠帝二年（公元前193年）卒，谥号“文终侯”。

学海/拾贝

- ☆ **高祖常繇咸阳，纵观，观秦皇帝，喟然太息曰：“嗟乎，大丈夫当如此也！”**
- ☆ **足下必欲诛无道秦，不宜踞见长者。**
- ☆ **夫运筹策帷帐之中，决胜于千里之外，吾不如子房。镇国家，抚百姓，给馈馕，不绝粮道，吾不如萧何。连百万之军，战必胜，攻必取，吾不如韩信。此三者，皆人杰也，吾能用之，此吾所以取天下也。**

孔子世家

名师导读

孔子是我国著名的思想家、教育家、政治家，儒家学说的创始人。《孔子世家》详尽地叙述了孔子的生平。本篇主要讲述了孔子在鲁国从政的经过和业绩，后携弟子周游列国求仕的经过和种种遭遇，以及晚年致力于文献整理和身体力行办教育的故事，表现了孔子的杰出才能和远大的政治抱负。

【原文】

景公问政孔子，孔子曰："君君，臣臣，父父，子子。"景公曰："善哉！信如君不君，臣不臣，父不父，子不子，虽有粟，吾岂得而食诸！"他日又复问政于孔子，孔子曰："政在节财。"景公说，将欲以尼谿（xī）田封孔子。晏婴进曰："夫儒者滑稽而不可轨法；倨傲[①]自顺，不可以为下；崇丧遂哀，破产厚葬，不可以为俗；游说乞贷[②]，不可以为国。自大贤之息，周室既衰，礼乐缺有间。今孔子盛容饰，繁登降之礼[③]，趋详之节，累世不能殚[④]其学，当年不能究其礼。君欲用之以移[⑤]齐俗，非所以先细民也。"后，景公敬见孔子，不问其礼。异日，景公止孔子曰："奉子以季氏，吾不能。"以季孟之间待之。齐大夫欲害孔子，孔子闻之。景公曰："吾老矣，弗能用也。"孔子遂行，反乎鲁。

【注释】

①倨傲：高傲自大。

②乞贷：求讨。

③登降之礼：指上朝下朝的礼节。

④殚：竭尽。

⑤移：改变。

【译文】

齐景公向孔子请教如何为政，孔子说：“国君要像国君的样子，臣子要像臣子的样子，父亲要像父亲的样子，儿子要像儿子的样子。”景公听了后说：“对极了！假如国君不像个国君，臣子不像个臣子，父亲不像个父亲，儿子不像个儿子，即使有很多的粮食，我怎么能吃得着呢！”改日景公又向孔子请教为政的道理，孔子说：“管理国家最重要的是节约开支，杜绝浪费。”景公听了很高兴，打算把尼谿的田地封赏给孔子。晏婴劝阻说：“儒者这种人，能说会道，是不能用法来约束他们的；他们高傲任性自以为是，不能任为下臣使用；他们重视丧事，竭尽哀情，为了葬礼隆重而不惜倾家荡产，不能让这种做法形成风气；他们四处游说乞求官禄，不能用他们来治理国家。自从那些圣贤相继去世以后，周王室也随之衰微下去，礼崩乐坏已有好长时间了。现在孔子讲究仪容服饰，详定烦琐的上朝下朝礼节，刻意于快步行走的规矩，这些繁文缛节，就是几代人也学习不完，毕生也搞不清楚。您如果想用这套东西来改变齐国的风俗，恐怕这不是引导老百姓的好办法。”之后，齐景公虽然很有礼貌地接见孔子，但不再问起有关礼的问题了。有一天，景公挽留孔子说：“用给季氏那样高的待遇给您，我做不到。”所以就用上卿季孙氏、下卿孟孙氏之间的待遇给孔子。齐国的大夫中有人想害孔子，孔子听到了这个消息。景公对孔子说："我已年老了，不能任用你了。"孔子于是就离开齐国，返回了鲁国。

【原文】

公山不狃（niǔ）以费畔季氏，使人召孔子。孔子循道[①]弥久，温温[②]无所试，莫能己用，曰："盖周文武起丰镐（hào）而王，今费虽小，傥[③]庶几乎！"欲往。子路不说[④]，止孔子。孔子曰："夫召我者岂徒哉？如用我，其为东周乎！"然亦卒不行。

其后定公以孔子为中都宰，一年，四方皆则[⑤]之。由中都宰为司空，由司空为大司寇。

【注释】

①循道：探索治国之道。

②温温：同"蕴蕴"，郁郁不得志的样子。

③傥：同"倘"，或许。

④说：同"悦"。

⑤则：效法。

【译文】

公山不狃凭借费邑反叛季氏，他派人召请孔子帮忙。孔子探索治国之道已经很久了，但抑郁不得志，无处施展才华，没有人任用他，就说："当初周文王、周武王兴起于丰、镐而建立了王业，现在费邑虽然小，应该也差不多吧！"于是想要应召前去。子路不高兴，阻止孔子。孔子说："他们请我去，难道会让我白跑一趟吗？如果重用了我，我将在东方建立一个像周那样的王朝！"然而最终没能成行。

后来鲁定公任命孔子做了中都地方官，一年后，各地都效法他的治理方法。孔子便由中都地方官升任司空，又由司空升任大司寇。

【原文】

定公十年春，及齐平[①]。夏，齐大夫黎钼言于景公曰：“鲁用孔丘，其势危齐。”乃使使告鲁为好会，会于夹谷。鲁定公且以乘车好往。孔子摄相[②]事，曰：“臣闻有文事者必有武备，有武事者必有文备。古者诸侯出疆，必具官以从。请具左右司马。”定公曰：“诺。”具左右司马。会齐侯夹谷，为坛位，土阶三等，以会遇之礼相见，揖让而登。献酬[③]之礼毕，齐有司趋而进曰：“请奏四方之乐。”景公曰：“诺。”于是旍旄羽袚矛戟剑拨鼓噪而至。孔子趋而进，历阶而登，不尽一等，举袂而言曰：“吾两君为好会，夷狄之乐何为于此！请命有司！”有司却之，不去，则左右视晏子与景公。景公心怍[④]，麾而去之。有顷，齐有司趋而进曰：“请奏宫中之乐。”景公曰：“诺。”优倡侏儒为戏而前。孔子趋而进，历阶而登，不尽一等，曰：“匹夫而营惑诸侯者罪当诛！请命有司！”有司加法焉，手足异处。景公惧而动，知义不若[⑤]，归而大恐，告其群臣曰：“鲁以君子之道辅其君，而子独以夷狄之道教寡人，使得罪于鲁君，为之奈何？”有司进对曰：“君子有过则谢以质，小人有过则谢以文。君若悼之，则谢以质。”于是齐侯乃归所侵鲁之郓、汶阳、龟阴之田以谢过。

【注释】

①平：和好。

②相：代理宰相。一说是指主持会议的司仪。

③献酬：互赠礼品，互相敬酒。

④怍（zuò）：惭愧。

⑤义不若：道义不如（鲁君）。

【译文】

鲁定公十年春天，鲁国与齐国和解。到了夏天，齐国大夫黎鉏对齐景公说："鲁国起用了孔丘，势必危及齐国。"于是齐景公就派使者告诉鲁国，说要与鲁定公进行友好会晤，约定会晤的地点在夹谷。鲁定公准备乘车友好赴约。孔子被任命为代理宰相，他对定公说："我听说办理外交必须要有武装准备，办理武事也必须有外交配合。从前诸侯出了自己的疆界，一定要带齐必要的官员随从。请求您安排左右司马一起去。"定公说："好。"就带了左右司马一道去。定公在夹谷与齐景公相会，在那里修筑了盟坛，坛上备好席位，设置了三级登坛的台阶，用国君相遇的礼节相见，拱手揖让登坛。彼此敬酒的仪式完毕之后，齐国管事的官员快步上前请示说："请开始演奏四方各族的舞乐。"齐景公说："好。"于是齐国的乐队打着旌旗，挥舞羽毛、彩缯，手执矛戟、剑盾等，击鼓呼叫而来。孔子见状赶忙跑过来，一步一阶快步登台，还差一级台阶时，一挥衣袖，说道："我们两国国君为和好而来相会，为什么在这里演奏夷狄的舞乐！请命令管事官员叫他们下去！"主管官员叫乐队退下，他们却不肯动，左看右看晏婴与齐景公的眼色。齐景公心里很惭愧，挥手叫乐队退下去。过了一会儿，齐国的管事官员又跑来说道："请演奏宫中的乐曲。"景公说："好。"于是一些歌舞杂技艺人和侏儒都前来表演。孔子看了又急跑过来，一步一阶往台上走，最后一阶还没有迈上就说："普通人敢来胡闹迷惑诸侯，论罪当杀！请命令主事官员执行！"于是主事官员依法将他们处以腰斩，使之手足异处。齐景公大为恐惧，深深触动，知道自己在道义上不如鲁君，回国之后很是恐慌，告诉他的大臣们说：“鲁国是用君子之道来辅佐他们的国君，而你们却仅拿夷狄的办法教我，使我得罪了鲁国国君，这该怎么办呢？”主管官员上前回答说：“君子有了过错，就用实际行动向人家道歉认错；小人有了过错，就用花言巧语谢罪。您如果真的过意不去，就用实际行动道歉吧。”于是齐景公便归还了从前侵夺的鲁国郓、汶阳、龟阴等土地，以此来向鲁国道歉并表示悔过。

【原文】

定公十三年夏，孔子言于定公曰：“臣无藏甲①，大夫毋百雉②之城。”使仲由为季氏宰，将堕三都③。于是叔孙氏先堕郈。季氏将堕费，公山不狃、叔孙辄（zhé）率费人袭鲁。公与三子入于季氏之宫，登武子之台。费人攻之，弗克，入及公侧。孔子命申句须、乐颀下伐之，费人北。国人追之，败诸姑蔑。二子奔齐，遂堕费。将堕成，公敛处父谓孟孙曰：“堕成，齐人必至于北门。且成，孟氏之保障，无成是无孟氏也。我将弗堕。”十二月，公围成，弗克。

定公十四年，孔子年五十六，由大司寇行摄相事，有喜色。门人曰：“闻君子祸至不惧，福至不喜。”孔子曰：“有是言也。不曰‘乐其以贵下人’乎？”于是诛鲁大夫乱政者少正卯。与闻④国政三月，粥⑤羔豚者弗饰贾⑥；男女行者别于途⑦；途不拾遗；四方之客至乎邑者不求有司，皆予之以归。

【注释】

①甲：指武器。

②雉（zhì）：古代计算城墙面积的单位，长三丈高一丈为一雉。

③三都：指季孙氏、孟孙氏、叔孙氏封地的城邑。

④与闻：参与。

⑤粥：同“鬻”，卖。

⑥饰贾：虚价。贾，通“价”。

⑦别于途：分路行走。

【译文】

鲁定公十三年的夏天，孔子对定公说：“臣下的家中不能收藏武器，大夫的封邑不能筑起高一丈长三百丈的城墙。”于是派仲由去当季氏的总管，打算拆毁季孙、孟孙、叔孙三家封邑的城墙。这时，叔孙氏首先把郈邑的城墙拆了。季孙氏也准备拆费邑的城墙，公山不狃和叔孙辄带领费邑的人袭击鲁国。鲁定公和季桓子、孟懿子、叔孙武叔三人躲进了季孙氏的住宅，登上了武子台。公山不狃率领的费邑人进攻他们，没能打进去，但还是有人进攻到鲁定公所登台的近侧。孔子命令申句须、乐颀下台与他们交战，费邑人失败逃走。鲁国人乘胜追击，在姑蔑把他们彻底击溃。公山不狃、叔孙辄两人逃到了齐国，费邑的城墙终于被拆毁了。接着准备拆成邑的城墙，孟孙氏的家臣公敛处父告诉孟孙说：“拆除了成邑的城墙，齐国人必将进逼到我们的北大门。且成邑又是你们孟氏的屏障，没有成邑也就等于没有孟氏。我们不要拆毁。”十二月，鲁定公率兵包围了成邑，没有攻下来。

鲁定公十四年，孔子五十六岁，他以大司寇的身份兼理国相的职责，脸上露出喜悦的神色。他的弟子说：“听说君子大祸临头不恐惧，大福到来也不喜形于色。”孔子说：“有这样的话，但不是还有‘君子乐在身居高位而礼贤下士’这种话吗？”于是把扰乱国政的大夫少正卯杀了。孔子参与国政三个月，贩卖猪、羊的商人不敢漫天要价；男女行人都分开走路；掉在路上的东西也没人捡走；各地的旅客来到鲁国的城邑，用不着向官员求情送礼，都能得到他们的所需之物并满意地回去。

【原文】

齐人闻而惧，曰：“孔子为政必霸，霸则吾地近焉，我之为先并矣。盍致地焉？”黎钼曰：“请先尝沮[①]之；沮之而不可则致地，庸迟乎！”于是选齐国中女子好者八十人，皆衣文衣而舞《康乐》，文马三十驷，遗鲁君。陈女乐文马于鲁城南高门外。季桓子微服往观再三，将受，乃语鲁君为周道游，往观终日，怠[②]于政事。子路曰：“夫子可以行矣。”孔子曰：“鲁今且郊，如致膰乎大夫，则吾犹可以止。”桓子卒受齐女乐，三日不听政；郊，又不致膰俎[③]于大夫。孔子遂行，宿乎屯。而师己送，曰：“夫子则非罪。”孔子曰：“吾歌可夫？”歌曰：“彼妇之口，可以出走；彼妇之谒，可以死败。盖优哉游哉，维以卒岁！”师己反，桓子曰：“孔子亦何言？”师己以实告。桓子喟然叹曰：“夫子罪我以群婢故也夫！”

【注释】

①沮：阻挠。

②怠：懒散，松懈。

③俎：祭祀时放祭品的器物。

【译文】

齐国人听到这个消息害怕了，说：“孔子在鲁国执政下去，鲁国一定会称霸，一旦鲁国称霸，我们靠它最近，必然会首先被吞并。何不先送一些土地给他们呢？”黎钼说：“我们先尝试能否阻止孔子当政；阻止不了，再送给他们土地，这难道还算迟吗！”于是从齐国挑选了八十个美貌女子，都穿上华丽的衣服，教她们学跳《康乐》，连同毛色斑斓的马匹驾着三十辆马车，一起送给鲁君。到鲁国后，先把女乐和骏马安置在鲁城南面的高门外。季桓子身着便服再三前往观看，打算接受下来，就告诉鲁君要外出到各地周游视察，趁机整天到高门观看齐国的美女和骏马，连国家的政事也懒得去管理了。子路看到这种情形便对孔子说：“老师，我们可以离开这里了吧。”孔子说：“鲁国马上就要在郊外祭祀了，如果能按照礼法把典礼后的烤肉分给大夫们，那么我还可以留下来不走。”季桓子最终接受了齐国送来的女乐，一连三天不过问政务；在郊外祭祀结束后，又违背常礼，没把烤肉分给大夫们。孔子于是离开了鲁国，当天就在屯邑住宿过夜。鲁国一个名叫师己的乐师来为他送行，说道：“先生您是没有过错的。”孔子说：“我唱一首歌，好不好？”于是唱道：“那些妇人的口，可以把大臣和亲信撵走；接近那些妇女，可以使人事败身亡。悠闲啊悠闲，我只有这样安度岁月！”师己返回后，季桓子问：“孔子说了些什么？”师己如实相告。季桓子长叹一声，说：“先生是怪罪我接受了齐国那一群美女啊！”

【原文】

孔子适郑，与弟子相失[①]，孔子独立郭东门。郑人或谓子贡曰：“东门有人，其颡[②]似尧，其项类皋陶，其肩类子产，然自要以下不及禹三寸，累累[③]若丧家之狗。”子贡以实告孔子。孔子欣然笑曰：“形状，末也。而谓似丧家之狗，然哉！然哉！”

【注释】

①相失：走散。

②颡（sǎng）：额头。

③累累：憔悴颓丧的样子。

【译文】

孔子到了郑国，与弟子走失散了，孔子一个人站在外城的东门。有个郑国人看见了就对子贡说："东门有个人，他的额头像尧，脖子像皋陶，肩膀像子产，可是腰部以下比禹短了三寸，一副狼狈不堪、没精打采的样子，真像一条丧家狗。"子贡见面把原话如实地告诉了孔子。孔子高兴地说道："他形容我的相貌，不一定对，但说我像条丧家狗，对极了！对极了！"

【原文】

孔子学鼓琴师襄子，十日不进。师襄子曰："可以益[①]矣。"孔子曰："丘已习其曲矣，未得其数也。"有间，曰："已习其数，可以益矣。"孔子曰："丘未得其志也。"有间，曰："已习其志，可以益矣。"孔子曰："丘未得其为人也。"有间，有所穆然[②]深思焉，有所怡然高望而远志[③]焉。曰："丘得其为人，黯然而黑，幾（qí）然而长，眼如望羊，如王四国，非文王其谁能为此也！"师襄子辟席再拜，曰："师盖云文王操也。"

【注释】

①益：增加。

②穆然：肃穆沉静的样子。

③远志：志向远大。

【译文】

孔子向师襄子学习弹琴，一连学了十天，也没增学新曲子。师襄子说："可以学些新曲了。"孔子说："我已经熟习乐曲了，但还没有熟练地掌握弹琴的技法。"过了些时候，师襄子又说："你已熟习弹琴的技法了，可以学些新曲子了。"孔子说："我还没有领会乐曲的韵味。"过了些时候，师襄子又说："你已领会乐曲的韵味了，可以学些新曲了。"孔子说："我还没有体会出作曲者是怎样的一个人。"过了些时候，孔子肃穆沉静，深思着什么，接着又心旷神怡，显出志向远大的样子。说："我体会出作曲者是个什么样的人了，他的肤色黝黑，身材高大，目光明亮而深邃，好像一个统治四方诸侯的王者，除了周文王又有谁能够如此呢！"师襄子恭敬地离开位子给孔子拜了两拜，说："我老师原来说过，这首琴曲是《文王操》呀。"

【原文】

明年，孔子自蔡如叶。叶公问政，孔子曰："政在来远附迩[①]。"他日，叶公问孔子于子路，子路不对。孔子闻之，曰："由，尔何不对曰'其为人也，学道不倦，诲人不厌，发愤忘食，乐以忘忧，不知老之将至'云尔。"

去叶，反于蔡。长沮、桀溺耦而耕[②]，孔子以为隐者，使子路问津焉。长沮曰："彼执舆者为谁？"子路曰："为孔丘。"曰："是鲁孔丘与？"曰："然。"曰："是知津矣。"桀溺谓子路曰："子为谁？"曰："为仲由。"曰："子，孔丘之徒与？"曰："然。"桀溺曰："悠悠者天下皆是也，而谁以易之？且与其从辟人之士，

岂若从辟世之士[3]哉！”耰[4]而不辍[5]。子路以告孔子，孔子怃然[6]曰："鸟兽不可与同群。天下有道，丘不与易也。"

【注释】

①附迩：使近处的人归服。

②耦而耕：用耦耕的方法耕田。耦，古代耕作，两个人各执一耜（一种农具），配合并耕，这种耕作方法叫耦。

③辟世之士：指隐士。

④耰（yōu）：古代用于弄碎土块、平整田地的一种农具。此作动词用。

⑤辍：停止。

⑥怃然：形容失望的样子。

【译文】

第二年，孔子从蔡国前往叶地。叶公问孔子为政的道理，孔子说："为政的道理在于招纳远方的贤能，使近处的人归服。"有一天，叶公向子路问孔子的情况，子路不回答。孔子听说这件事后就对子路说："仲由，你为什么不对他说：'他这个人呀，学习起道理来不知疲倦，教导人全不厌烦，发愤学习时忘记了吃饭，快乐时忘记了忧愁，连衰老将要到来也不知道。'"

孔子离开楚国的叶地回到蔡国。在路上遇见长沮、桀溺两人并肩耕田，孔子以为他们是隐士，就叫子路前去打听渡口在什么地方。长沮说："那个拉着马缰绳的人是谁？"子路回答说："是孔丘。"长沮又问："是鲁国的孔丘吧？"子路说："是的。"长沮说："那他应该知道渡口在哪儿了。"桀溺又问子路："你是谁？"子路说："我是仲由。"桀溺说："你是孔丘的门徒吗？"子路说："是的。"桀溺说："天下动荡不安，而谁能改变这种现状呢？况且与其跟着那躲避无道之君的人四处奔走，还不如跟着我们这些躲避乱世的人呢！”说完，就继续不停地耕田。子路把此话告诉了孔子，孔子失望地说：“我们不能居住在山林里与鸟兽同群，要是天下太平，我也用不着到处奔走想改变这个局面了。”

【原文】

孔子迁于蔡三岁，吴伐陈。楚救陈，军于城父。闻孔子在陈蔡之间，楚使人聘孔子。孔子将往拜礼，陈蔡大夫谋曰：“孔子贤者，所刺讥皆中诸侯之疾。今者久留陈蔡之间，诸大夫所设行皆非仲尼之意。今楚，大国也，来聘孔子。孔子用于楚，则陈蔡用事大夫危矣。”于是乃相与发徒役围孔子于野。不得行，绝粮。从者病，莫能兴。孔子讲诵弦歌不衰。子路愠[①]见曰：“君子亦有穷乎？”孔子曰：“君子固穷，小人穷斯滥矣。”

子贡色作[②]。孔子曰：“赐，尔以予为多学而识之者与？”曰：“然。非与？”孔子曰：“非也。予一以贯之。”

孔子知弟子有愠心，乃召子路而问曰：“诗云‘匪兕[③]匪虎，率彼旷野’。吾道非邪？吾何为于此？”子路曰：“意者吾未仁邪？人之不我信也。意者吾未知邪？人之不我行也。”孔子曰：“有是乎！由，譬使仁者而必信，安有伯夷、叔齐？使知者而必行，安有王子比干？”

子路出，子贡入见。孔子曰：“赐，诗云‘匪兕匪虎，率彼旷野’。吾道非邪？吾何为于此？”子贡曰：“夫子之道至大也，故天下莫能容夫子。夫子盖少贬焉？”孔子曰：“赐，良农能稼而不能为穑[④]，良工能巧而不能为顺。君子能修其道，纲而纪之，统而理之，而不能为容。今尔不修尔道而求为容。赐，而志不远矣！”

子贡出，颜回入见。孔子曰："回，诗云'匪兕匪虎，率彼旷野'。吾道非邪？吾何为于此？"颜回曰："夫子之道至大，故天下莫能容。虽然，夫子推而行之⑤，不容何病，不容然后见君子！夫道之不修也，是吾丑也。夫道既已大修而不用，是有国者之丑也。不容何病，不容然后见君子！"孔子欣然而笑曰："有是哉颜氏之子！使尔多财，吾为尔宰。"

于是使子贡至楚。楚昭王兴师迎孔子，然后得免。

【注释】

①愠：恼怒。

②色作：作色，改变脸色。

③兕（sì）：古代指犀牛。

④穑：收割庄稼。

⑤推而行之：指推广实行孔子的学说和主张。

【译文】

孔子迁居到蔡国的第三年，吴国攻打陈国。楚国救援陈国，军队驻扎在城父。听说孔子住在陈国和蔡国的边境上，楚国便派人去聘请孔子。孔子正要前往拜见接受聘礼，陈国、蔡国的大夫商议说："孔子是位有才德的贤人，他所指责讽刺的东西都切中诸侯的弊病。如今长久地停留在我们陈国和蔡国之间，大夫们的施政、所作所为都不合仲尼的意思。如今的楚国是个大国，却来聘请孔子。如果孔子在楚国被重用，那么我们陈、蔡两国掌权的大夫就危险了。"于是他们双方就派了一些服劳役的人把孔子围困在野外。孔子和他的弟子无法行动，粮食也断绝了。跟从的弟子饿病了，站都站不起来。孔子却还在不停地给大家讲学，朗诵诗歌、歌唱、弹琴。

子路生气地来见孔子，说道："君子也有困窘的时候吗？"孔子说："君子在困窘面前能坚持节操不动摇，小人遇到困窘就会不加节制，什么过火的事情都做得出来。"

这时子贡的脸色也变了。孔子说："赐啊，你认为我是博学强识的人吗？"子贡回答说："是的。难道不对吗？"孔子说："不是的。我是用一种基本原则贯穿于全部知识之中的。"

孔子知道弟子们心中不高兴，便叫来子路问道："《诗经》上说'不是犀牛也不是老虎，然而它却徘徊在旷野上'。难道是我们的学说有什么不对吗？我们为什么会落到这种地步呢？"子路说："大概是我们的德行还不够吧？所以人家不信任我们。想必是我们的智谋还不够吧？所以人家不放我们通行。"孔子说："有这样的话吗？仲由啊，假使有仁德的人必定能使人信任，哪里还会有伯夷、叔齐饿死在首阳山呢？假使有智谋的人就能畅行无阻，哪里会有王子比干被剖心呢？"

子路退出，子贡进来见孔子。孔子对子贡说："赐啊，《诗经》上说'不是犀牛也不是老虎，然而它却徘徊在旷野上'。难道是我们的学说有什么不对吗？我们为什么落到这种地步呢？"子贡说："老师的学说博大到极点了，所以天下没有一个国家能容纳老师。老师何不稍微降低一些您的原则和要求呢？"孔子说："赐啊，好的农夫虽然善于耕种，但他却不一定有好的收获；好的工匠虽然有精巧的手艺，但他的所作却未必能使人们都称心如意。有修养的人能研修自己的学说，就像网一样，先构出基本的大纲统筹，然后再梳理，但不一定为世人所接受。现在你不去研修自己的学说，反而想降格来追求被世人收容。赐啊，你的志向太不远大了！"

子贡出去之后，颜回进来见孔子。孔子说："回啊，《诗经》说'不是犀牛也不是老虎，然而它却徘徊在旷野上'。难道是我们的学说有什么不对吗？我们为什么落到这种地步呢？"颜回说："老师的学说博大到极点了，所以天下没有一个国家能容纳老师。虽然是这样，老师还是要推行自己的学说，不被天下接受又有什么关系呢？不被接受，这样才能现出君子的本色！一个人不研修自己的学说，那才是自己的耻辱。至于已下大力研修的学说不为人所用，那是当权者的耻辱了。不被天下接受又有什么关系呢？不被接受，这样才能显出君子的本色！”孔子听了欣慰地笑着说：“是这样的啊，姓颜的小伙子！假使你有很多钱财，我愿意给你做管家。”

于是派子贡到楚国去。楚昭王调动军队来迎接孔子，因而免除了这场灾祸。

【原文】

孔子之去鲁凡十四岁而反[①]乎鲁。

鲁哀公问政，对曰：“政在选臣。”季康子问政，曰：“举直错诸枉[②]，则枉者直。”康子患[③]盗，孔子曰：“苟子之不欲，虽赏之不窃。”然鲁终不能用孔子，孔子亦不求仕。

【注释】

①反：通“返”，返回。

②举直错诸枉：举用正直的人，废除邪曲的人。

③患：忧虑。

【译文】

孔子离开鲁国一共十四年，然后又回到鲁国。

鲁哀公向孔子问为政的道理，孔子回答说：“为政最重要的是选择好大臣。”季康子也向孔子问为政的道理，孔子说：“要举用正直的人，抛弃邪曲的人，那样就使邪曲的人变为正直的人了。”季康子忧虑盗窃，孔子说：“如果你自己没有贪欲的话，就是给奖赏，人们也是不会去偷窃的。”但是鲁国最终还是没能重用孔子，孔子也不要求出来做官。

【原文】

孔子之时，周室微而礼乐废，诗书缺。追迹三代之礼，序书传，上纪唐虞之际，下至秦缪[①]，编次其事。曰："夏礼吾能言之，杞不足征也。殷礼吾能言之，宋不足征也。足，则吾能征之矣。"观殷夏所损益，曰："后虽百世可知也，以一文一质。周监二代，郁郁乎文哉[②]。吾从周。"故书传、礼记自孔氏。

古者诗三千余篇，及至孔子，去其重，取可施于礼义，上采契后稷，中述殷周之盛，至幽厉之缺，始于衽席[③]，故曰"关雎之乱以为风始，鹿鸣为小雅始，文王为大雅始，清庙为颂始"。三百五篇孔子皆弦歌之，以求合韶武雅颂之音。礼乐自此可得而述，以备王道，成六艺。

孔子晚而喜易，序彖、系、象、说卦、文言。读易，韦编三绝[④]。曰："假我数年，若是，我于易则彬彬矣。"

孔子以诗书礼乐教，弟子盖三千焉，身通六艺者七十有二人。如颜浊邹之徒，颇受业者甚众。

扫码看视频

【注释】

①缪：通"穆"。

②郁郁乎文哉：极富有文采的。

③始于衽（rèn）席：开始于夫妇生活的家庭伦常。衽席，床席。

④韦编三绝：穿连竹简的皮条断了多次。比喻读书勤奋。

【译文】

孔子所处的时代，周王衰微，礼崩乐坏，《诗》《书》也残缺不全了。孔子探究夏、商、西周三代的礼仪制度，编定了《书传》的篇次，上起唐尧、虞舜之时，下至秦穆公，依照事情的先后，加以整理编排。孔子说："夏代的礼仪制度我还能讲出来，只是夏的后代杞国没有留下足够证明这些的文献了。殷商的礼仪制度我也能讲出来，只是殷商后的宋国没有留下足够证明这些制度的文献了。如果杞、宋两国有足够的文献，我就能证明这些制度了。"孔子考察了殷代继承夏代对礼仪制度所做的增减之后说："将来即使经过一百年，那增减的也是可以预知的，因为一种是重视文采，另一种是重视朴实。周代的礼仪制度是在参照了夏代和殷代的基础上制定的，多么丰富多彩呀，我主张用周代的礼仪。"所以《书传》《礼记》都是孔子编定的。

古代留传下来的《诗》有三千多篇，到孔子时，他把重复的删掉了，选取其中合于礼义的用于礼义教化，最早的是追述殷始祖契、周始祖后稷，其次是叙述殷、周两代的兴盛，直到周幽王、周厉王的政治缺失，而开头的则是叙述男女夫妇关系和感情的诗篇，所以说"《关雎》这一乐章作为《国风》的第一篇，《鹿鸣》作为《小雅》的第一篇，《文王》作为《大雅》的第一篇，《清庙》作为《颂》的第一篇"。三百零五篇诗孔子都能将其演奏歌唱，以求合于《韶》《武》《雅》《颂》这些乐曲的音调。先王的礼乐制度从此才有了条理而得以称述，王道完备了，孔子也完成了被称为"六艺"的《诗》《书》《礼》《易》《乐》《春秋》的编修。

孔子晚年喜欢钻研《周易》，他详细解释了《彖辞》《系辞》《象辞》《说卦》《文言》。孔子读《周易》刻苦勤奋，以至把编穿书简的牛皮绳子也弄断了多次。他还说："再让我多活几年，这样的话，我对《周易》的文辞和义理就能够充分掌握理解了。"

孔子用《诗》《书》《礼》《乐》作为教材教育弟子，就学的弟子大约有三千人，其中能精通礼、乐、射、御、数、书这六种技艺的有七十二人。至于像颜浊邹一样，多方面受到孔子的教诲却没有正式入籍的弟子就更多了。

名师点评

孔子胸怀天下，志存高远，一生都有着极高的政治热情，即使在遭到打击、排斥、嘲讽甚至围困的时候也丝毫未减。他不辞劳苦，周游列国奔走游说，虽处处碰壁，但初心不改。孔子虽然未能实现自己的志向，但他为理想而执着奋斗的君子本色、道德文章均为后世楷模。孔子在宣扬自己的政治主张时，广收门徒，把教育对象扩大到了平民，把知识文化传播到民间，为古代的教育做出了巨大贡献。孔子在教书育人的同时，还整理编纂了多部古代典籍，并将其作为教学内容，为这些古文献的保存和传播做出了杰出贡献。

延伸/阅读

孔门七十二贤

"孔门七十二贤"指孔子弟子中精通六艺的七十二人。《史记·孔子世家》记载："孔子以诗书礼乐教，弟子盖三千焉，身通六艺者七十有二人。""孔门七十二贤"既是孔子思想和学说的坚定追随者和实践者，也是儒学的积极传播者。

孔门十哲

“孔门十哲”是孔子弟子中最优秀的十人，分德行、言语、政事、文学四个方面。《论语·先进》载：“子曰：‘从我于陈、蔡者，皆不及门也。德行：颜渊、闵子骞、冉伯牛、仲弓。言语：宰我、子贡。政事：冉有、季路。文学：子游、子夏。’”

学海/拾贝

☆ 景公问政孔子，孔子曰：“君君，臣臣，父父，子子。”

☆ 臣闻有文事者必有武备，有武事者必有文备。

☆ 其为人也，学道不倦，诲人不厌，发愤忘食，乐以忘忧，不知老之将至。

☆ 君子固穷，小人穷斯滥矣。

☆ 良农能稼而不能为穑，良工能巧而不能为顺。

☆ 举直错诸枉，则枉者直。

陈涉世家

名师导读

《陈涉世家》是记述秦末农民起义领袖陈胜与吴广的传记。本篇主要讲述了陈胜、吴广在大泽乡发动起义的过程，重点刻画了陈胜这一具有远见卓识、雄心壮志的人物形象，反映了人民群众的智慧和勇于反抗的斗争精神。

【原文】

扫码看视频

陈胜者，阳城人也，字涉。吴广者，阳夏人也，字叔。

陈涉少时，尝与人佣耕①，辍耕之垄上②，怅③恨久之，曰："苟富贵，无相忘。"庸者笑而应曰："若为庸耕，何富贵也？"陈涉太息曰："嗟乎，燕雀安知鸿鹄之志哉④！"

【注释】

①尝与人佣耕：曾经与别人一起被雇佣耕地。佣，被雇佣。

②辍耕之垄（lǒng）上：停止耕作，来到田埂上休息。之，动词，去往。

③怅：失意，不痛快。

④燕雀安知鸿鹄之志哉：燕子、麻雀怎么知道大雁、天鹅的远大志向呢！燕雀，比喻见识短浅的人。鸿鹄，比喻有远大志向的人。

【译文】

陈胜，是阳城人，字涉。吴广，是阳夏人，字叔。

陈涉年少的时候，曾经与别人一起被雇佣耕地，一次当他停止耕作来到田埂上休息时，感慨恼恨了很久，说："如果将来有人富贵了，大家不要相互忘记。"与他一起耕地的伙伴笑着回答道："你是被人雇佣耕田的，哪里来的富贵呢？"陈涉叹息着说："唉，燕子、麻雀这类小鸟怎么能知道大雁、天鹅的远大志向呢！"

【原文】

二世元年七月，发闾（lǘ）左适①戍渔阳九百人，屯大泽乡。陈胜、吴广皆次当行，为屯长②。会天大雨，道不通，度③已失期。失期，法皆斩。陈胜、吴广乃谋曰："今亡亦死，举大计④亦死，等⑤死，死国可乎？"陈胜曰："天下苦秦久矣。吾闻二世少子也，不当立，当立者乃公子扶苏。扶苏以数谏故，上使外将兵。今或闻无罪，二世杀之。百姓多闻其贤，未知其死也。项燕为楚将，数有功，爱士卒，楚人怜之。或以为死，或以为亡。今诚以吾众诈自称公子扶苏、项燕，为天下唱⑥，宜多应者。"吴广以为然。乃行卜。卜者知其指意，曰："足下事皆成，有功。然足下卜之鬼乎！"陈胜、吴广喜，念鬼，曰："此教我先威众耳。"乃丹书帛曰"陈胜王"，置人所罾⑦鱼腹中。卒买鱼烹食，得鱼腹中书，固以怪之矣。又间令⑧吴广之次所旁丛祠中，

夜篝火，狐鸣呼曰“大楚兴，陈胜王”。卒皆夜惊恐。旦日，卒中往往语⑨，皆指目⑩陈胜。

【注释】

①適（zhé）：贬谪。

②屯长：戍守队伍的小头目。

③度（duó）：揣度，估计。

④举大计：发动大事，指起义。与下文“举大名”义同。

⑤等：同样。

⑥唱：通“倡”，倡导。

⑦罾（zēng）：动词，用渔网捕捞，捕捉。

⑧间令：暗使。间，暗中。

⑨往往语：到处议论纷纷。

⑩指目：指指点点，互相以目示意。

【译文】

秦二世元年七月，朝廷征调居住在里巷左边的民夫去驻守渔阳，中途一共有九百人驻扎在大泽乡。陈胜、吴广都被编入这次去服役的队伍中，并担任屯长。恰逢遇到了天下大雨，道路不通，估计已经延误了规定到达渔阳的期限。超过规定的期限，按照法律规定应当斩首。陈胜、吴广于是商量说：“如今逃跑也是死，起义干一番大事业也是死，同样都是死，为打天下而死好不好？”陈胜说：“天下百姓受秦王朝的压迫之苦已经很久了。我听说二世皇帝是秦始皇的小儿子，不应该由他来当皇帝，继位的应该是公子扶苏。扶苏因为屡次劝说秦始皇，秦始皇厌弃他，派他到外地去驻守。如今我听说他并没有什么过错，却被二世皇帝杀害了。老百姓大都只知他很贤德，而不知道他已经死了。项燕原本是楚国的将军，屡立战功，爱护士兵，楚国人都十分爱戴他。有的人以为他已经死了，有的人以为他逃亡在外躲藏了起来。现在假使让我们的人冒用公子扶苏和项燕的名义，向天下百姓发出起义的号召，应该会有很多响应的人。”吴广认为有道理。于是他们就去占卜吉凶，占卜的人猜到他们的意图，说道：“你们的大事都能成，可以建功立业。但是你们向鬼神卜问过吉凶了吗？”陈胜、吴广很高兴，又猜测占卜人所说向鬼神卜问吉凶是什么意思，说：“这是在教我们用鬼神来威服众人。”于是用朱砂在一块白绸子上写下了“陈胜王”三个字，塞进别人用渔网捕获的鱼肚子中。士兵买鱼回来煮着吃，发现了鱼肚子里的帛书，自然就感到这件事很奇怪了。陈胜又暗中派吴广前往驻地附近一草木丛生的古庙里，在半夜点燃起篝火，模仿狐狸的声音叫喊道“大楚将兴，陈胜为王”。士兵们在深更半夜听到这种声音，都惊恐不安。第二天早晨，士兵中间议论纷纷，都指指点点地看着陈胜。

【原文】

扫码看视频

吴广素爱人，士卒多为用者。将尉醉，广故数言欲亡，忿恚[①]尉，令辱之，以激怒其众。尉果笞[②]广。尉剑挺[③]，广起，夺而杀尉。陈胜佐之，并杀两尉。召令徒属曰：“公等遇雨，皆已失期，失期当斩。藉弟令毋斩[④]，而戍死者固十六七[⑤]。且壮士不死即已，死即举大名耳，王侯将相宁有种乎[⑥]！”徒属皆曰：“敬受命。”乃诈称公子扶苏、项燕，从民欲也。袒右，称大楚。为坛而盟，祭以尉首。陈胜自立为将军，吴广为都尉。攻大泽乡，收而攻蕲（qí）。蕲下，乃令符离人葛婴将兵徇蕲以东。攻铚、酂、苦、柘、谯（qiáo）皆下之。行收兵。比[⑦]至陈，车六七百乘，骑千余，卒数万人。攻陈，陈守令皆不在，独守丞与战谯门中。弗胜，守丞死，乃入据陈。数日，号令召三老、豪杰与皆来会计事。三老、豪杰[⑧]皆曰：“将

军身被坚执锐[9]，伐无道，诛暴秦，复立楚国之社稷[10]，功宜为王。”陈涉乃立为王，号为张楚。

当此时，诸郡县苦秦吏者，皆刑其长吏，杀之以应陈涉。乃以吴叔为假王，监诸将以西击荥阳。令陈人武臣、张耳、陈余徇赵地，令汝阴人邓宗徇九江郡。当此时，楚兵数千人为聚者，不可胜数。

【注释】

①忿（fèn）恚（huì）：恼怒。

②笞（chī）：用鞭、杖或竹板子打。

③剑挺：拔剑出鞘。

④藉弟令毋斩：意思是即使不被杀头。藉，通“借”，假使。弟，通“第”，但，只。

⑤十六七：十分之六七。

⑥王侯将相宁有种乎：那些称王侯拜将相的人，天生就是好命、贵种吗？宁，难道。

⑦比：等到。

⑧三老、豪杰：古代掌教化的乡官和当地有声望的人。

⑨被（pī）坚执锐：身披铠甲，手执兵器。比喻亲自上阵战斗。被，通“披”，穿。坚，指铁甲。锐，指武器。

⑩社稷（jì）：“社”指土地神，“稷”指谷神。后用“社稷”代指国家。

【译文】

吴广一向关心别人，戍卒中很多人愿为他效劳出力。押送队伍的将尉喝醉了酒，吴广故意多次扬言要逃跑，以激怒将尉，惹他当众侮辱自己，借以激怒众人。那个将尉果然鞭打吴广。将尉又拔出佩剑，吴广奋起夺剑杀死了将尉。陈胜帮助他，合力杀死了另外两个将尉。随即召集属下说："各位在这里遇上大雨，都误了期限，误期按规定要杀头。即使不被杀头，将来戍边死去的肯定也有十之六七。再说大丈夫不死便罢，要死就要名扬后世，那些称王侯拜将相的人，天生就是好命、贵种吗？"属下听了都异口同声地说："我们心甘情愿听凭您的差遣。"于是他们就假冒公子扶苏和楚将项燕的名义举行起义，以顺应民众的愿望。大家都露出右臂作为标志，号称大楚。他们又筑起高台宣誓，用将尉的头做祭品。陈胜自立为将军，吴广做都尉。首先进攻大泽乡，攻克后又攻打蕲县。蕲县攻克后，派符离人葛婴率兵攻取蕲县以东的地方。一连进攻铚、酂、苦、柘、谯等几个地方，都攻克了。他们一面进军，一面不断补充兵员扩大队伍。

等行进到了陈郡的时候，已拥有兵车六七百辆，骑兵一千多，步卒好几万人。攻打陈郡时，郡守和县令正好都不在，只有留守的郡丞领兵与起义军在城门下作战。结果郡丞兵败身死，起义军进入城中占领了陈郡。过了几天，陈胜下令召集掌管教化的三老和地方豪杰开会议事。三老和豪杰都说："将军您身披铠甲，手执锐利的武器，为民讨伐无道昏君，诛灭暴虐的秦王朝，重新建立了楚国的政权，论功劳应该称王。"陈涉于是自立为王，国号张楚。

在这个时候，各个郡县受不了秦朝官吏暴政之苦的人，都反抗他们的长官，杀死他们的长官来响应陈涉。于是陈涉以吴广为代理王，督率各将领向西进攻荥阳。命令陈郡人武臣、张耳、陈馀去攻占原来赵国的辖地，命令汝阴人邓宗攻占九江郡。这时候，楚地几千人聚集在一起起义的，多得不计其数。

名师点评

从这篇传记中，我们可以看到人民群众强大的力量。例如陈胜、吴广对时局的分析，以及利用鱼腹藏书、篝火狐鸣来鼓舞士气等都反映了人民群众的智慧。而陈胜的“王侯将相宁有种乎”则反映了人民的呼声。陈胜的故事中展示出来的精神放到当今社会也有着积极的意义，例如远大志向的鼓励作用，对不分贵贱、人人平等的认识等。

延伸/阅读

楚歌

古代楚地的土风歌谣，带有鲜明的楚文化色彩，秦末汉初最为盛行。在秦末农民起义的浪潮中，楚歌随着以楚为基地并以楚为旗号的起义大军，在全国扩大着它的影响力。

就楚歌的文字内容来看，其特点是多用楚声“兮”字，在句式上模仿楚辞，以七言、四言为主。它上承楚辞，下启汉赋，在汉代文学史上作用巨大。项羽的绝命之作《垓下歌》和刘邦的还乡之作《大风歌》均为楚歌的代表作。

学海/拾贝

- ☆ 苟富贵，无相忘。
- ☆ 嗟乎，燕雀安知鸿鹄之志哉！
- ☆ 今亡亦死，举大计亦死，等死，死国可乎？
- ☆ 且壮士不死即已，死即举大名耳，王侯将相宁有种乎！
- ☆ 将军身被坚执锐，伐无道，诛暴秦，复立楚国之社稷，功宜为王。

留侯世家

名师导读

《留侯世家》是一篇关于留侯张良的传记。张良是汉高祖刘邦的谋臣，汉朝的开国元勋之一，他为汉高祖刘邦建立西汉王朝立下了汗马功劳。本篇主要讲述了张良青年时豪侠壮举，隐忍勤学、佐汉高祖屡献奇策、画计巩固汉政权，出谋保全太子，功成身退等故事，展现了他的政治远见和高超谋略。

【原文】

扫码看视频

良尝学礼淮阳。东见仓海君。得力士，为铁椎[①]重百二十斤。秦皇帝东游，良与客狙击秦皇帝博浪沙中，误中副车[②]。秦皇帝大怒，大索[③]天下，求贼甚急，为张良故也。良乃更[④]名姓，亡匿下邳（pī）。

良尝闲从容[⑤]步游下邳圯[⑥]上，有一老父，衣褐，至良所，直[⑦]堕其履圯下，顾谓良曰："孺子，下取履！"良鄂然，欲殴之。为其老，强忍，下取履。父曰："履我！"良业[⑧]为取履，因长跪履之。父以足受，笑而去。良殊大惊，随目之。父去里所，复还，曰："孺子可教矣。后五日平明，与我会此。"良因怪之，跪曰："诺。"五日平明，良往。父已先在，怒曰："与老人期，后，何也？"去，曰："后五日早会。"

五日鸡鸣，良往。父又先在，复怒曰："后，何也？"去，曰："后五日复早来。"五日，良夜未半往。有顷，父亦来，喜曰："当如是。"出一编书，曰："读此则为王者师矣。后十年兴。十三年孺子见我济北，穀（gǔ）城山下黄石即我矣。"遂去，无他言，不复见。旦日视其书，乃《太公兵法》⑨也。良因异之，常习诵读之。

【注释】

①椎：通"锤"。

②副车：皇帝的侍从车辆。

③大索：相当于"通缉"。

④更：更改。

⑤从容：漫不经心。

⑥圯（yí）：桥。

⑦直：恰巧。

⑧业：已经。

⑨《太公兵法》：相传为姜太公所作的一部兵书。

【译文】

张良曾经在淮阳学习礼法，到东方见到了仓海君。他找到一个大力士，造了一把一百二十斤重的铁锤。秦始皇到东方巡游，张良与大力士在博浪沙这个地方袭击秦始皇，却误中了副车。秦始皇大怒，在全国大肆搜捕，寻拿刺客非常急迫，都是因为张良的缘故。张良于是改名换姓，逃到下邳躲藏起来。

张良曾在闲暇时徜徉于下邳桥上，有一个老人，穿着粗布衣裳，走到张良跟前，正好把鞋掉到桥下，看着张良对他说："小子，下去把鞋捡上来！"张良有些惊讶，想打他。因为看他年老，强自忍了下来，下去把鞋捡了上来。老人说："给我把鞋穿上！"张良既然已经替他把鞋捡了上来，就跪着替他穿上。老人伸出脚来穿上鞋，笑着离去了。张良十分惊讶，注视着老人的身影。老人走了约有一里路，又返回来，说："你这个小子可以教导。五天以后天刚亮时，跟我在这里相会。"张良觉得这件事很奇怪，跪下来说："是。"五天后的拂晓，张良去了那儿。老人已先在那里，生气地说："跟老年人约定见面，反而后到，为什么？"老人离去，并说："五天以后早早来会面。"五天后鸡一叫，张良就去了。老人又先在那里，又生气地说："又来晚了，这是为什么？"老人离去，并说："五天后再来，记得早点儿。"五天后，张良不到半夜就去了。过了一会儿，老人也来了，高兴地说："应当像这样才好。"老人拿出一部书，说："读这部书你就可以做帝王的军师了。十年以后就会发迹。十三年后小子你到济北来见我，穀城山下的那块黄石就是我。"说完便走了，没有留下别的话，从此也没有再见到这个人。天明时一看，张良发现老人送的书原来是《太公兵法》。张良觉得这部书非同寻常，经常学习诵读它。

【原文】

居下邳，为任侠。项伯尝杀人，从良匿。

后十年，陈涉等起兵，良亦聚少年百余人。景驹自立为楚假王，在留。良欲往从之，道遇沛公。沛公将数千人，略地下邳西，遂属焉。沛公拜良为厩（jiù）将。良数以《太公兵法》说沛公，沛公善之，常

用其策。良为他人言，皆不省[1]。良曰："沛公殆天授。"故遂从之，不去见景驹。

及沛公之薛，见项梁。项梁立楚怀王。良乃说项梁曰："君已立楚后，而韩诸公子横阳君成贤，可立为王，益树党。"项梁使良求[2]韩成，立以为韩王。以良为韩申徒，与韩王将千余人西略韩地，得数城，秦辄复取之，往来为游兵[3]颍川。

【注释】

①省：领会。

②求：寻找。

③游兵：流动不定的部队。

【译文】

张良住在下邳时，行侠仗义。项伯曾经杀了人，就是跟着张良躲藏起来的。

过了十年，陈涉等人起兵反秦，张良也聚集了一百多个青年。当时景驹自立为代理楚王，驻在留县。张良打算前去跟随他，半道上却遇见了沛公。沛公率领几千人攻城略地，来到下邳以西的地方，张良便归附了他。沛公任命张良做厩将（管马的官）。张良多次根据《太公兵法》向沛公献策，沛公很赏识他，经常采用他的计谋。而张良对别人讲这些，别人都不能领会。张良说："沛公的智慧大概是上天赐予的。"所以张良就跟随了沛公，没有再去见景驹。

等沛公到了薛地，会见项梁。项梁拥立了楚怀王。张良于是劝说项梁道："您已经拥立了楚王的后人，而韩国各位公子中横阳君韩成贤能，也可以立为王，这样能增加同盟者的力量。"项梁派张良寻找到韩成，拥立他为韩王。又任命张良为韩国司徒，随韩王率领一千多人向西攻取韩国原来的领地，夺得几座城邑，但秦军随即又夺了回去，韩军只在颍川一带往来游击作战。

【原文】

沛公之从雒阳南出轘辕，良引兵从沛公，下韩十余城，击破杨熊军。沛公乃令韩王成留守阳翟，与良俱南，攻下宛，西入武关。沛公欲以兵二万人击秦峣（yáo）下军，良说曰："秦兵尚强，未可轻。臣闻其将屠者子，贾竖易动以利。愿沛公且留壁，使人先行，为五万人具食，益为张旗帜诸山上，为疑兵，令郦食其持重宝啖①秦将。"秦将果畔，欲连和俱西袭咸阳，沛公欲听之。良曰："此独其将欲叛耳，恐士卒不从。不从必危，不如因其解②击之。"沛公乃引兵击秦军，大破之。逐北至蓝田，再战，秦兵竟③败。遂至咸阳，秦王子婴降沛公。

沛公入秦宫，宫室帷帐狗马重宝妇女以千数，意欲留居之。樊哙谏沛公出舍，沛公不听。良曰："夫秦为无道，故沛公得至此。夫为天下除残贼，宜缟素④为资⑤。今始入秦，即安其乐，此所谓'助桀为虐'。且'忠言逆耳利于行，毒药苦口利于病'，愿沛公听樊哙言。"沛公乃还军霸上。

【注释】

①啖：利诱，引诱。

②解：通"懈"，松懈。

③竟：终于。

④缟素：白绢。这里比喻清白俭朴。

⑤资：凭借。

【译文】

沛公从洛阳过轘辕关南下时，张良率兵与沛公会合，攻下韩地十余座城邑，击败了秦将杨熊的军队。沛公于是让韩王成在阳翟留守，自己和张良一起南下，攻打宛城，向西进入武关。沛公想用两万人的兵力攻打秦朝峣关的军队，张良劝告说："秦军还很强大，不可轻视。我听说峣关的守将是屠户的儿子，商人容易以利相诱。希望沛公暂且留守军营，派人先去，给五万人预备吃的东西，在各个山头上增挂旗帜，作为疑兵，叫郦食其带着贵重的宝物利诱秦军的将领。"秦军的将领果然背叛秦朝，答应跟沛公联合一起向西袭击咸阳，沛公想听从秦将的计划。张良说："这只是峣关的守将想反叛罢了，恐怕他部下的士兵们不一定听从。士兵不从必定带来危害，不如趁着他们懈怠时攻打他们。"沛公于是率兵攻打秦军，敌兵大败，峣关被攻破。然后追击败军到蓝田，第二次交战，秦兵终于崩溃。沛公于是到了咸阳，秦王子婴投降沛公。

沛公进入秦宫，那里的宫室、帐幕、狗马、珍宝、美女数以千计，沛公的意图是想留下住在宫里。樊哙劝谏沛公出去居住，沛公不听。张良说："秦朝正因暴虐无道，所以沛公才能够来到这里。替天下除去凶残的暴政，应该以清廉朴素为本。现在刚刚攻入秦都，就要安享其乐，这正是人们说的'助桀为虐'。况且'忠言逆耳利于行，毒药苦口利于病'，希望沛公能够听从樊哙的意见。"沛公这才回军驻在霸上。

【原文】

汉元年正月，沛公为汉王，王巴蜀。汉王赐良金百溢[①]，珠二斗，良具[②]以献项伯。汉王亦因令良厚遗项伯，使请汉中地。项王乃许之，遂得汉中地。汉王之国，良送至褒中，遣良归韩。良因说汉王曰："王何不烧绝所过栈道，示天下无还心，以固项王意。"乃使良还。行，烧绝栈道。

良至韩，韩王成以良从汉王故，项王不遣成之国，从与俱东。良说项王曰：“汉王烧绝栈道，无还心矣。”乃以齐王田荣反书告项王。项王以此无西忧汉心，而发兵北击齐。

项王竟不肯遣韩王，乃以为侯，又杀之彭城。良亡，间行归汉王，汉王亦已还定三秦矣。复以良为成信侯，从东击楚。至彭城，汉败而还。至下邑，汉王下马踞鞍而问曰：“吾欲捐关以东等弃之，谁可与共功者？”良进曰：“九江王黥（qíng）布，楚枭将，与项王有郄[③]；彭越与齐王田荣反梁地：此两人可急使。而汉王之将独韩信可属大事，当一面。即欲捐之，捐之此三人，则楚可破也。”汉王乃遣随何说九江王布，而使人连彭越。及魏王豹反，使韩信将兵击之，因举燕、代、齐、赵。然卒破楚者，此三人力也。

张良多病，未尝特将[④]也，常为画策臣，时时从汉王。

【注释】

①溢：通“镒”，重量单位，一镒合二十两。

②具：通“俱”，全部。

③郄（xì）：通“隙”，隔阂。

④特将：单独领兵。

【译文】

汉高祖元年正月，沛公做了汉王，统治巴蜀地区。汉王赏赐张良黄金百镒，宝珠二斗，张良把它们都赠送给了项伯。汉王也通过张良厚赠项伯，让项伯代他向项王请封汉中地区。项王应允了汉王的请求，于是汉王又得到了汉中地区。汉王要到封国去，张良送他到褒中，汉王才让张良返回韩国。张良临别劝告汉王说：“大王何不烧断所经过的栈道，向天下表示不再回来的决心，以此稳住项王的心。”汉王便让张良返回韩国。汉王在回汉中途中烧断了所经过的栈道。

张良到了韩国，因为韩王成曾让张良跟随汉王，项王不派韩王成到封国去，而让他跟随自己东去回彭城。张良到彭城向项王解释说：“汉王烧断了栈道，已经没有返回的意思了。”张良又把齐王田荣反叛之事报告项王。项王由此不再担忧西边的汉王，而起兵北上攻打齐国。

项王始终不肯派韩王回韩国，于是把他贬为侯，又在彭城杀了他。张良逃跑，抄小路隐秘地回到汉王那里，汉王这时已平定关中三秦将的封地了。汉王又封张良为成信侯，让他跟着东征楚国。到了彭城，汉军战败而归。逃至下邑，汉王下马倚着马鞍问道：“我打算舍弃函谷关以东一些地方作为封赏，谁能够同我一起建功立业呢？”张良进言说：“九江王黥布是楚国的猛将，同项王有隔阂；彭越与齐王田荣在梁地反楚。这两个人可立即利用。汉王的将领中唯有韩信可以托付大事，独当一面。如果要舍弃这些地方，就把它们送给这三个人，这样楚国就可以打败了。”汉王于是派随何去游说九江王黥布，又派人去联络彭越。等到魏王豹反汉，汉王派韩信率兵攻打他，乘势攻占了燕、代、齐、赵等国的领地。而最终击溃楚国，正是靠这三个人的力量。

张良多病，不曾独自带兵作战，一直作为出谋划策的臣子，常常跟从汉王。

【原文】

汉六年正月，封功臣。良未尝有战斗功，高帝曰：“运筹策[①]帷帐中，决胜千里外，子房功也。自择齐三万户[②]。”良曰：“始臣起下邳，与上会留，此天以臣授陛下。陛下用臣计，幸而时中，臣愿封留足矣，不敢当三万户。”乃封张良为留侯，与萧何等俱封。

【注释】

①筹策：古代运算用的筹码。这里借指谋略。

②自择齐三万户：自己选择原来齐国三万户的地域作为封邑。齐国领地在当时最为富饶，这是刘邦对张良的优待。

【译文】

汉高祖六年正月，封赏功臣。张良不曾有战功，高祖说："出谋划策于营帐之中，决定胜负在千里之外，这就是子房的功劳。你自己从原来齐国的地域中选择三万户作为封邑。"张良说："当初我在下邳起事，与主上会合在留县，这是上天把我交给陛下。陛下采用我的计谋，幸好有时料中，我只愿受封留县就足够了，不敢承受三万户。"于是高祖封张良为留侯，同萧何等人一起受封。

【原文】

上①已封大功臣二十余人，其余日夜争功不决，未得行封。上在雒阳南宫，从复道②望见诸将往往相与坐沙中语。上曰："此何语？"留侯曰："陛下不知乎？此谋反耳。"上曰："天下属③安定，何故反乎？"留侯曰："陛下起布衣，以此属取天下，今陛下为天子，而所封皆萧、曹故人所亲爱，而所诛者皆生平所仇怨。今军吏计功，以天下不足遍封，此属畏陛下不能尽封，恐又见疑平生过失及诛④，故即相聚谋反耳。"上乃忧曰："为之奈何？"留侯曰："上平生所憎，群臣所共知，谁最甚者？"上曰："雍齿与我故，数尝窘辱我。我欲杀之，为其功多，故不忍。"留侯曰："今急先封雍齿以示群臣，群臣见雍齿封，则人人自坚矣。"于是上乃置酒，封雍齿为什方侯，

而急趣[5]丞相、御史定功行封。群臣罢酒，皆喜曰：“雍齿尚为侯，我属无患矣。”

【注释】

①上：皇上。指刘邦。

②复道：楼阁之间的空中通道。

③属：刚刚。

④及诛：以至于被杀。

⑤趣：通“促”，督促。

【译文】

皇上已经封赏大功臣二十多人，其余的人日夜争功，不能决定高下，未能进行封赏。皇上在洛阳南宫，从复道上望见一些将领常常坐在沙地上议论。皇上说：“这些人在说什么？”留侯说：“陛下不知道吗？这是在商议反叛呀。”皇上说：“天下刚刚安定，为什么还要谋反呢？”留侯说：“陛下以平民身份起事，靠着这些人取得了天下，现在陛下做了天子，而所封赏的都是萧何、曹参这些陛下所亲近宠幸的老友，所诛杀的都是平生仇恨的人。如今军官们计算功劳，认为天下的土地不够一一封赏，这些人怕陛下不封赏他们，又怕被怀疑因平生的过失以至于遭受诛杀，所以就聚在一起图谋造反了。”皇上于是忧心忡忡地说：“这件事该怎么办呢？”留侯说：“皇上平生所憎恨，又是群臣都知道的，谁最突出？”皇上说：“雍齿与我有宿怨，曾多次使我受窘。我原想杀掉他，因为他的功劳多，所以不忍心。”留侯说：“现在赶紧先封赏雍齿来给群臣看，群臣见雍齿都被封赏，那么他们对自己也能受封就坚信不疑了。”于是皇上便摆设酒宴，封雍齿为什方侯，并紧迫地催促丞相、御史为大家评定功劳，施行封赏。群臣吃过酒后，都高兴地说：“雍齿尚且被封为侯，我们这些人就不必担忧了。”

【原文】

刘敬说高帝曰："都关中。"上疑之。左右大臣皆山东人，多劝上都雒阳："雒阳东有成皋，西有崤（xiáo）渑（miǎn），倍河[①]，向伊雒，其固亦足恃。"留侯曰："雒阳虽有此固，其中小，不过数百里，田地薄，四面受敌，此非用武之国也。夫关中左殽函，右陇蜀，沃野千里，南有巴蜀之饶，北有胡苑[②]之利，阻三面而守，独以一面东制诸侯。诸侯安定，河渭漕挽[③]天下，西给京师；诸侯有变，顺流而下，足以委输。此所谓金城[④]千里，天府之国也，刘敬说是也。"于是高帝即日驾，西都关中。

【注释】

①倍河：背靠黄河。倍，通"背"。

②苑：养禽兽、植树木的地方，这里指放牧之处。

③漕挽：运输粮食。

④金城：坚固的城池。

【译文】

刘敬劝告高祖说："要以关中为都城。"皇上对此心有疑虑。左右大臣都是崤山以东的人，多数劝皇上定都洛阳，他们说："洛阳东面有成皋，西面有崤山、渑池，背靠黄河，面向伊水、洛水，它地形的险要和城郭的坚固也足可以依靠。"留侯说："洛阳虽然这样险固，但它中间的境域狭小，方圆不过几百里，且土地贫瘠，四面受敌，这里不是使用武力的地方。关中则东面有崤山、函谷关，西面有陇山、岷山，肥沃的土地方圆千里，南面有富饶的巴、蜀两郡，北面有利于放牧的胡苑，依靠三面的险阻来固守，只用东方一面控制诸侯。如果诸侯安定，可由黄河、渭河运输天下粮食，往西供给京都；如果诸侯发生变故，可顺流而下，足以运送物资。这正是所说的金城千里，天府之国呀，刘敬的建议是对的。”于是高祖即日起驾，往西定都关中。

【原文】

上欲废太子，立戚夫人子赵王如意。大臣多谏争，未能得坚决者也。吕后恐，不知所为。人或谓吕后曰：“留侯善画计策，上信用之。”吕后乃使建成侯吕泽劫留侯，曰：“君常为上谋臣，今上欲易太子，君安得高枕而卧乎？”留侯曰：“始上数在困急之中，幸用臣策。今天下安定，以爱欲易太子，骨肉之间，虽臣等百余人何益。”吕泽强要曰：“为我画计①。”留侯曰：“此难以口舌争也。顾上有不能致者，天下有四人。四人者年老矣，皆以为上慢侮人，故逃匿山中，义不为汉臣。然上高此四人。今公诚能无爱金玉璧帛，令太子为书，卑辞安车②，因使辩士固请，宜来。来，以为客，时时从入朝，令上见之，则必异而问之。问之，上知此四人贤，则一助也③。”于是吕后令吕泽使人奉④太子书，卑辞厚礼，迎此四人。四人至，客建成侯所。

【注释】

①画计：出个主意。

②安车：用一匹马拉的乘车。高官告老或皇帝征召有德望的人，常赐乘安车。

③则一助也：对太子是一种帮助。

④奉：同“捧”。

【译文】

皇上想废掉太子，改立戚夫人生的儿子赵王如意。很多大臣进谏劝阻，都没能改变高祖确定不移的想法。吕后很惊恐，不知该怎么办。有人对吕后说：“留侯善于出谋划策，皇上信任他。”吕后就派建成侯吕泽胁迫留侯说：“您一直是皇上的谋臣，现在皇上打算更换太子，您怎么能垫高枕头睡大觉呢？”留侯说：“当初皇上多次处在危急之中，所以能采用我的计谋。如今天下安定，由于偏爱的原因想更换太子，这些至亲骨肉之间的事，就算是跟我一样的有一百多人去进谏也没有用。”吕泽强求说：“一定得给我出个主意。”留侯说：“这件事是很难用口舌来争辩的。但看皇上不能招致而来的，天下有四个人。这四个人已经年老了，都认为皇上对人傲慢，所以逃避躲藏在山中，遵循道义不肯做汉朝的臣子。但是皇上很敬重这四个人。现在您若果真能不惜金玉璧帛，让太子写一封信，言辞要谦恭，并预备安车，再派有口才的人恳切地去聘请，他们应当会来。来了以后，把他们当作贵宾，让他们时常跟着入朝，叫皇上见到他们，那么皇上一定会感到惊异并询问他们。一问他们，皇上知道这四个人贤能，那么这对太子是一种帮助。”于是吕后让吕泽派人携带太子的书信，用谦恭的言辞和丰厚的礼品，去迎请这四个人。四个人来了，就住在建成侯的府第中为客。

【原文】

汉十二年，上从击破布军归，疾益甚，愈欲易太子。留侯谏，不听，因疾不视事。叔孙太傅称说引古今，以死争太子。上详[①]许之，犹欲易之。及燕[②]，置酒，太子侍。四人从太子，年皆八十有余，须眉皓白，衣冠甚伟。上怪之，问曰：“彼何为者？”四人前对，各言名姓，

曰东园公，角里先生，绮里季，夏黄公。上乃大惊，曰："吾求公数岁，公辟[③]逃我，今公何自从吾儿游乎？"四人皆曰："陛下轻士善骂，臣等义不受辱，故恐而亡匿。窃闻太子为人仁孝，恭敬爱士，天下莫不延颈[④]欲为太子死者，故臣等来耳。"上曰："烦公幸卒调护太子。"

【注释】

①详：通"佯"，假装。

②燕：通"宴"，酒宴。

③辟：通"避"，躲避。

④延颈：伸长脖子，企望。

【译文】

汉高祖十二年，皇帝从击败黥布的军队那里回来，病情益发严重，更加想改立太子。留侯进谏，未被采纳，因此就称病不再管事。太傅叔孙通引用古今事例，拼死为保全太子力争。皇帝假装答应了他，但还是打算改立太子。到皇上设置酒宴时，太子在旁侍奉。有四个人跟随着太子，年龄都有八十多岁，胡子眉毛雪白，衣冠奇伟。皇帝很奇怪，问道："他们是干什么的？"四个人上前回话，各自报告姓名，分别叫东园公、角里先生、绮里季、夏黄公。皇帝于是大为吃惊，说："我寻了你们多年，你们躲避我，今天你们为什么和我儿子交往呢？"四人都说："陛下轻待士人喜欢骂人，我们守义不愿受辱，所以害怕而逃亡躲藏起来。暗中听说太子为人仁慈孝顺，恭敬爱士，天下没有人不伸长脖子想为太子而死，所以我们来了。"皇帝说："麻烦诸位善始善终，好好地教护太子。"

【原文】

留侯从上击代，出奇计马邑下，及立萧何相国，所与上从容言天下事甚众，非天下所以存亡，故不著。留侯乃称曰："家世相韩，及韩灭，不爱万金之资，为韩报仇强秦，天下振动。今以三寸舌为帝者师，封万户，位列侯，此布衣之极，于良足矣。愿弃人间事，欲从赤松子游耳。"乃学辟谷[①]，道引[②]轻身[③]。会高帝崩，吕后德[④]留侯，乃强食之，曰："人生一世间，如白驹过隙[⑤]，何至自苦如此乎！"留侯不得已，强听而食。

后八年卒，谥为文成侯。

【注释】

①辟谷：谓不食五谷。道教修炼术的一种。

②道引：传统养生方法的一种。

③轻身：道教谓使身体轻健而能轻轻飞升。

④德：感念。

⑤白驹过隙：像小白马在细小的缝隙前飞驰而过一样。形容时间过得非常快。

【译文】

留侯跟从皇帝去攻打代国，出奇计攻下马邑，并劝皇帝立萧何为相国，和皇帝从容地谈论很多天下大事，因为和天下存亡没有关系，所以没有记载。留侯宣称道："我家世代相韩，到韩灭亡之后，不惜耗万金家产，为韩向强秦报仇，震动了天下。现在凭三寸之舌成为皇帝的军师，分封万户，位居列侯，这是平民百姓所企求的富贵之巅，对我张良来说很满足了。我希望丢开人间的事情，打算跟从赤松子交游。"于是学起辟谷、道引、轻身的养生之术。恰逢高祖驾崩，吕后感激留侯的恩德，就强行让他吃饭，说："人生一世，如白驹过隙那样短促，何必自找苦吃到如此地步呢？"留侯不得已，勉强听从吕后的话而进食。

八年以后，留侯去世，谥为文成侯。

名师点评

张良是中国历史上一个典型的"王者师"，他善于择主，忠心耿耿为刘邦做出一系列谋划，这些谋划直接关系着汉事业的成败。他在复杂的政治斗争和严峻的军事斗争中表现出超群才干，他的智仁勇得到生动的刻画。他在功成名就之后不争权夺利，明哲保身，也传为佳话。从汉初"三杰"韩信被杀，萧何被囚，唯独张良得以善终的结局来看，在面临自身无力改变的现状时，学会舍弃，也不失为明智之举。

延伸/阅读

陈平

刘邦的政治集团中还有一个非常重要的谋士，那就是陈平。

裴松之曾经说过："汉之谋臣，良、平而已。"

陈平（？—前 178 年），阳武户牖乡人，西汉的开国功臣之一。少时喜读书，有大志，曾为乡里分肉，甚均，父老赞之，他感慨地说："使平得宰天下，亦如此肉矣！"秦朝末年，群雄并起，立志要建功立业的陈平先后投奔了魏王咎、项羽，不被重用。后投奔刘邦，帮助其成就大业。经历过楚汉之争和平定异姓王叛乱，为西汉的稳定做出了巨大贡献。

陈平善于使用计谋，曾使声东击西之计在项羽手下救出了刘邦，又施反间计除掉了范增，施巧计解刘邦荥阳之围，智擒韩信、解刘邦白登之围、智释樊哙，出任汉相。

学海/拾贝

☆ 孺子可教矣。

☆ 忠言逆耳利于行，毒药苦口利于病。

☆ 今天下安定，以爱欲易太子，骨肉之间，虽臣等百余人何益。

☆ 愿弃人间事，欲从赤松子游耳。

☆ 人生一世间，如白驹过隙，何至自苦如此乎！

孙子吴起列传

名师导读

《孙子吴起列传》是春秋战国时期孙武、孙膑、吴起三位著名军事家的合传。本篇着重讲述了孙武“吴宫教战”、孙膑“围魏救赵”“智斗庞涓”，以及吴起在魏楚两国一展军事才能，使之强大昌盛的事迹，充分展现了这三位兵家杰出人物的风采。

【原文】

孙子武者，齐人也。以兵法见于吴王阖庐。阖庐曰：“子之十三篇，吾尽观之矣，可以小试[①]勒兵乎？”对曰：“可。”阖庐曰：“可试以妇人乎？”曰：“可。”于是许之，出宫中美女，得百八十人。孙子分为二队，以王之宠姬二人各为队长，皆令持戟[②]。令之曰：“汝知而心与左右手背乎？”妇人曰：“知之。”孙子曰：“前，则视心；左，视左手；右，视右手；后，即视背。”妇人曰：“诺。”约束既布，乃设铁钺，即三令五申[③]之。于是鼓之右，妇人大笑。孙子曰：“约束不明，申令不熟，将之罪也。”复三令五申而鼓之左，妇人复大笑。孙子曰：“约束不明，申令不熟，将之罪也；既已明而不如法[④]者，吏士之罪也。”乃欲斩左右队长。吴王从台上观，见且斩爱姬，大骇。趣[⑤]使使[⑥]下令曰：“寡人已知将军能用兵矣。寡人非此二姬，食不甘

味，愿勿斩也。”孙子曰：“臣既已受命为将，将在军，君命有所不受。”遂斩队长二人以徇。用其次为队长，于是复鼓之。妇人左右前后跪起皆中⑦规矩⑧绳墨⑨，无敢出声。于是孙子使使报王曰：“兵既整齐，王可试下观之，唯王所欲用之，虽赴水火犹可也。”吴王曰：“将军罢休就舍⑩，寡人不愿下观。”孙子曰：“王徒好其言，不能用其实。”于是阖庐知孙子能用兵，卒以为将。西破强楚，入郢，北威齐晋，显名诸侯，孙子与有力焉。

【注释】

①小试：以小规模的操演加以试验。

②戟：古代青铜制的兵器，将戈、矛合成一起，能直刺，又能横击。

③三令五申：多次重复地交代清楚。三、五均为虚数。

④不如法：不按照号令去做。

⑤趣：通“促”，急忙。

⑥使使：派遣使臣。

⑦中：符合。

⑧规矩：画圆形和方形的两种工具。借指一定的标准、法则或习惯。

⑨绳墨：木工打直线的工具。借指规矩或法度。

⑩就舍：回到宾馆。

【译文】

孙子名武，是齐国人。因为他精通兵法受到吴王阖庐的接见。阖庐说：“您的十三篇兵书我都看过了，可以用来小规模地试着指挥军队吗？”孙子回答说：“可以。”阖庐说：“可以用妇女操演吗？”孙子说：“可以。”于是答应孙子，叫出宫中美女，共约百八十人。孙子把她们分为两队，让吴王阖庐最宠爱的两位侍妾分别担任各队队长，让所有的美女全部持戟。然后命令她们说："你们知道自己的心、左右手和背的方向吗？"妇人们回答说："知道。"孙子说："我说向前，你们就看心口所对的方向；我说向左，你们就看左手所对的方向；我说向右，你们就看右手所对的方向；我说向后，你们就看背所对的方向。"妇人们答道："是。"号令宣布完毕，于是摆好斧钺等刑具，旋即又把已经宣布的号令多次重复地交代清楚。就击鼓发令叫她们向右，妇人们哈哈大笑。孙子说："纪律还不清楚，号令不熟悉，这是将领的过错。"又多次重复地交代清楚后击鼓发令让她们向左，妇人们又哈哈大笑。孙子说："纪律弄不清楚，号令不熟悉，这是将领的过错；现在既然讲得清清楚楚，却不遵照号令行事，那就是军官和士兵的过错了。"于是就要杀左右两队的队长。吴王正在台上观看，见孙子要杀自己的爱妾，大惊失色。急忙派使臣传达命令说："我已经知道将军善用兵了。我要没了这两个侍妾，吃起东西来也不香甜，希望你不要杀她们。"孙子回答说："我已经接受命令为将，将在军队里，国君的命令有的可以不接受。"于是杀了两个队长示众。然后按顺序任用两队第二人为队长，于是再击鼓发令。妇人们不论是向左向右、向前向后、跪倒、站起都符合号令、纪律的要求，再没有人敢出声。于是孙子派使臣向吴王报告说："队伍已经操练整齐，大王可以下来察看她们的演习，任凭大王怎样使用她们，即使叫她们赴汤蹈火也办得到啊。"吴王回答说："让将军停止演练，回宾馆休息，我不愿下去察看了。"孙子感叹地说："大王只是欣赏我的军事理论，却不能让我付诸实践。"从此，吴王阖庐知道孙子果真善于用兵，任命他做了将军。后来吴国向西打败了强大的楚国，攻克郢都，向北威震齐国和晋国，在诸侯各国名声赫赫，这其间，孙子不仅参与，而且出了很大的力啊。

【原文】

孙武既死，后百余岁有孙膑。膑生阿鄄（juàn）之间，膑亦孙武

之后世子孙也。孙膑尝与庞涓俱学兵法。庞涓既事魏，得为惠王将军，而自以为能不及孙膑，乃阴[①]使召孙膑。膑至，庞涓恐其贤于己，疾之，则以法刑[②]断其两足而黥[③]之，欲隐勿见。

齐使者如梁，孙膑以刑徒阴见，说齐使。齐使以为奇，窃载与之齐。齐将田忌善而客待之。忌数与齐诸公子驰逐[④]重射[⑤]。孙子见其马足[⑥]不甚相远，马有上、中、下辈[⑦]。于是孙子谓田忌曰："君弟重射，臣能令君胜。"田忌信然之，与王及诸公子逐射千金。及临质，孙子曰："今以君之下驷与彼上驷，取君上驷与彼中驷，取君中驷与彼下驷。"既驰三辈毕，而田忌一不胜而再胜，卒得王千金。于是忌进[⑧]孙子于威王。威王问兵法，遂以为师。

扫码看视频

【注释】

①阴：秘密地。

②法刑：假借罪名处刑。

③黥：墨刑。用刀刺刻犯人的面额后涂以墨。

④驰逐：指赛马。

⑤重射：押重金赌输赢。

⑥马足：马的速度。

⑦辈：等级。

⑧进：推荐。

【译文】

孙武死后，隔了一百多年又出了一个孙膑。孙膑出生在阿县和鄄县一带，也是孙武的后代子孙。孙膑曾经和庞涓一道学习兵法。庞涓奉事魏国以后，当上了魏惠王的将军，知道自己的才能比不上孙膑，就秘密地把孙膑找来。孙膑到来后，庞涓害怕他比自己贤能，嫉恨他，就假借罪名砍掉他的双脚，并且在他脸上刺了字，想把孙膑埋没于世不为人知。

齐国的使臣来到大梁，孙膑以犯人的身份秘密拜见了齐使，进行游说。齐国的使臣认为他是个难得的人才，就偷偷地用车把他载回齐国。齐国将军田忌不仅赏识他而且还像对待客人一样礼待他。田忌经常跟齐国贵族子弟赛马，下很大的赌注。孙膑发现他们的马实力都差不多，可分为上中下三等。于是孙膑对田忌说："你尽管下大赌注，我能让你取胜。"田忌信以为然，与齐王和贵族子弟比赛下了千金的赌注。到临场比赛，孙膑对田忌说："现在用您的下等马对付他们的上等马，拿您的上等马对付他们的中等马，让您的中等马对付他们的下等马。"三次比赛完毕，田忌败了一次，胜了两次，终于赢得了齐王千金赌注。于是田忌把孙膑推荐给齐威王。威王向他请教兵法后，把他尊为军师。

【原文】

其后魏伐赵，赵急[①]，请救于齐。齐威王欲将孙膑，膑辞谢曰："刑余之人不可。"于是乃以田忌为将，而孙子为师，居辎（zī）车中，坐为计谋。田忌欲引兵之赵，孙子曰："夫解杂乱纷纠者不控卷[②]，救斗者不搏撠[③]，批亢捣虚[④]，形格势禁，则自为解耳。今梁赵相攻，轻兵锐卒必竭于外，老弱罢于内。君不若引兵疾走大梁，据其街路，冲其方虚，彼必释赵而自救。是我一举解赵之围而收弊于魏也。"田忌从之，魏果去邯郸，与齐战于桂陵，大破梁军。

【注释】

①急：形势危急。

②卷：通“拳”，握紧拳头。

③撠（jǐ）：刺。

④批亢捣虚：撇开敌人充实的地方，冲击其空虚的地方。

【译文】

后来魏国攻打赵国，赵国形势危急，向齐国求救。齐威王打算任用孙膑为主将，孙膑辞谢说：“受过酷刑的人，不能任主将。”于是就任命田忌做主将，孙膑做军师，坐在带篷帐的车里，暗中谋划。田忌想要率领救兵直奔赵国，孙膑说：“想解开乱丝的人，不能用双拳生拉硬扯；解劝斗殴，不能卷进去帮着打。要撇开其充实的地方而冲击其空虚的地方，争斗者因形势限制就不得不自行解开了。如今魏赵两国相互攻打，魏国的精锐部队必定在国外精疲力竭，老弱残兵在国内疲惫不堪。您不如率领军队火速向大梁挺进，占据它的交通要道，冲击它守备空虚的地方，魏国肯定会放弃赵国而回兵自救。这样，我们一举解救了赵国之围，而又可坐收魏国自行挫败的效果。”田忌采纳了孙膑的意见，魏军果然离开邯郸回师，在桂陵地方与齐军交战，魏军大败。

【原文】

后十三岁，魏与赵攻韩，韩告急[①]于齐。齐使田忌将而往，直走大梁。魏将庞涓闻之，去韩而归，齐军既已过而西矣。孙子谓田忌曰：“彼三晋之兵素悍勇而轻齐，齐号为怯，善战者因其势而利导之[②]。兵法，百里而趣利者蹶（jué）上将，五十里而趣利者军半至。使齐军入魏地为十万灶，明日为五万灶，又明日为三万灶。”庞涓行三

日，大喜，曰："我固知齐军怯，入吾地三日，士卒亡者过半矣。"乃弃其步军，与其轻锐倍日并行逐之。孙子度其行，暮当至马陵。马陵道狭，而旁多阻隘，可伏兵，乃斫③大树白④而书之曰"庞涓死于此树之下"。于是令齐军善射者万弩，夹道而伏，期曰"暮见火举而俱发"。庞涓果夜至斫木下，见白书，乃钻火烛之。读其书未毕，齐军万弩俱发，魏军大乱相失⑤。庞涓自知智穷兵败，乃自刭⑥，曰："遂成竖子之名！"齐因乘胜尽破其军，虏魏太子申以归。孙膑以此名显天下，世传其兵法。

【注释】

①告急：求救。

②因其势而利导之：顺应魏兵认为齐兵胆怯的思想，让齐兵伪装胆怯逃亡，诱导魏军深入。

③斫（zhuó）：砍削。

④白：刮去树皮使白木露出。

⑤相失：溃乱不能相互关照。

⑥自刭（jǐng）：自刎。

【译文】

十三年后，魏国和赵国联合攻打韩国，韩国向齐国告急。齐王派田忌率领军队前去救援，径直进军大梁。魏将庞涓听到这个消息，率师撤离韩国回魏，而齐军已经越过边界向西挺进了。孙膑对田忌说："那魏军向来凶悍勇猛，看不起齐兵，齐兵被称作胆小怯懦，善于指挥作战的将领，就要顺应着这样的趋势略加引导，使其上当。兵法上说，用急行军走百里和敌人争利的，有可能折损上将军；用急行军走五十里和敌人争利的，可能有一半士兵掉队。命令齐军进入魏境先砌十万人做饭的灶，第二天砌五万人做饭的灶，第三天砌三万人做饭的灶。”庞涓行军三日，特别高兴地说：“我本来就知道齐军胆小怯懦，进入我国境内才三天，开小差的就超过了半数啊！”于是留下他的步兵，只和轻装的精锐部队日夜兼程地追击齐军。孙膑估计他的行程，当晚可以赶到马陵。马陵的道路狭窄，两旁又多是峻隘险阻，适合埋伏军队。孙膑就叫人削去一棵大树的树皮，露出其白木，并在上面写上“庞涓死于此树之下”。又命令一万名善于射箭的齐兵，埋伏在马陵道两边，约定说“晚上看见树下火光亮起，就万箭齐发”。庞涓当晚果然赶到削去了树皮的大树下，看见白木上写着字，就点火去照字。上边的字还没读完，齐军伏兵万箭齐发，魏军大乱，互不接应。庞涓自知再无计策可施，败成定局，就拔剑自刎，临死时说：“竟然成就了这小子的名声！”齐军乘胜追击，把魏军彻底击溃，俘虏了魏国太子申然后回国。孙膑也因此名扬天下，后世流传有他的《孙膑兵法》。

【原文】

吴起者，卫人也，好用兵。尝学于曾子，事鲁君。齐人攻鲁，鲁欲将吴起，吴起取[①]齐女为妻，而鲁疑之。吴起于是欲就名[②]，遂杀其妻，以明不与[③]齐也。鲁卒以为将。将而攻齐，大破之。

鲁人或[④]恶吴起曰：“起之为人，猜忍[⑤]人也。其少时，家累千金，游仕不遂，遂破其家。乡党笑之，吴起杀其谤己者三十余人，而东出卫郭门。与其母诀，啮臂[⑥]而盟曰：‘起不为卿相，不复入卫。’遂事曾子。居顷之，其母死，起终不归。曾子薄之，而与起绝。起乃之鲁，学兵法以事鲁君。鲁君疑之，起杀妻以求将。夫鲁小国，而有战胜之名，则诸侯图鲁矣。且鲁卫兄弟之国[⑦]也，而君用起，则是弃卫。”鲁君疑之，谢吴起。

【注释】

①取：同“娶”。

②就名：成就名声。

③与：帮助。

④或：有的人。

⑤猜忍：猜疑而残忍。

⑥啮臂：古人发誓的方式之一。

⑦鲁卫兄弟之国：鲁卫两国皆出自姬姓，所以叫兄弟之国。

【译文】

吴起是卫国人，善于用兵。曾经向曾子求学，侍奉鲁国国君。齐国的军队攻打鲁国，鲁君想任用吴起为将军，而吴起娶的妻子却是齐国人，因而鲁君怀疑他。当时，吴起一心想成名，就杀了自己的妻子，用来表明他不帮助齐国。鲁君终于任命他做了将军，率领军队攻打齐国，把齐军打得大败。

鲁国有的人诋毁吴起说：“吴起为人，是猜疑残忍的。他年轻的时候，家里积蓄足有千金，在外边求官没有结果，把家产也荡尽了。同乡邻里笑话他，他就杀掉三十多个讥笑自己的人，然后从卫国的东门逃跑了。他和母亲诀别时，咬着自己的胳膊狠狠地说：‘我吴起不做卿相，绝不再回卫国。’于是就拜曾子为师。不久，他母亲死了，吴起最终还是没有回去奔丧。曾子瞧不起他，并和他断绝了师徒关系。吴起就到鲁国去，学习兵法来侍奉鲁君。鲁君怀疑他，吴起杀掉妻子表明心迹，用来谋求将军的职位。鲁国虽然是个小国，却有着战胜国的名声，那么诸侯各国就要谋算鲁国了。况且鲁国和卫国是兄弟国家，鲁君要是重用吴起，就等于抛弃了卫国。”鲁君怀疑吴起，辞退了吴起。

【原文】

吴起于是闻魏文侯贤，欲事之。文侯问李克曰："吴起何如人哉？"李克曰："起贪而好色，然用兵司马穰苴不能过也。"于是魏文侯以为将，击秦，拔五城。

起之为将，与士卒最下者同衣食。卧不设席，行不骑乘，亲裹赢粮①，与士卒分劳苦。卒有病疽者，起为吮之。卒母闻而哭之。人曰："子卒也，而将军自吮其疽，何哭为。"母曰："非然也②。往年吴公吮其父，其父战不旋踵③，遂死于敌。吴公今又吮其子，妾不知其死所矣。是以哭之。"

文侯以吴起善用兵，廉平④，尽能得士心，乃以为西河守，以拒秦、韩。

【注释】

①赢粮：担负粮食。

②非然也：不是这么说啊。意思说，不是为其子受宠而哭。

③旋踵（zhǒng）：快得看不见脚跟转动。旋，旋转。踵，脚跟。

④廉平：廉洁不贪而待人公平。

【译文】

这时，吴起听说魏国文侯贤明，想去奉事他。文侯问李克："吴起这个人怎么样啊？"李克回答说："吴起贪恋成名而爱好女色，然而要论带兵打仗，就是司马穰苴也超不过他。"于是魏文侯就任用他为主将，攻打秦国，夺取了五座城池。

吴起做主将，跟最下等的士兵穿一样的衣服，吃一样的伙食。睡觉不铺垫褥，行军不乘车骑马，亲自背负着捆扎好的粮食，和士兵们同甘共苦。有个士兵生了恶性毒疮，吴起替他吸吮脓液。这个士兵的母亲听说后，放声大哭。有人说："你儿子是个无名小卒，将军却亲自替他吸吮脓液，怎么还哭呢？"那位母亲回答说："不是这样啊，往年吴将军替他父亲吸吮毒疮，他父亲在战场上勇往直前，死在敌人手里。如今吴将军又给我儿子吸吮毒疮，我不知道他又会在什么时候死在什么地方。因此，我才哭他啊。"

魏文侯因为吴起善于用兵打仗，廉洁不贪，待人公平，深得士心，就任命他担任西河地区的长官，来抗拒秦国和韩国。

【原文】

吴起为西河守，甚有声名。魏置相，相田文。吴起不悦，谓田文曰："请与子论功，可乎？"田文曰："可。"起曰："将三军，使士卒乐死，敌国不敢谋，子孰与起？"文曰："不如子。"起曰："治百官，亲万民，实府库，子孰与起？"文曰："不如子。"起曰："守西河而秦兵不敢东乡[①]，韩赵宾从[②]，子孰与起？"文曰："不如子。"起曰："此三者，子皆出吾下，而位加吾上，何也？"文曰："主少国疑，大臣未附，百姓不信，方是之时，属之于子乎？属之于我乎？"起默然良久，曰："属[③]之子矣。"文曰："此乃吾所以居子之上也。"吴起乃自知弗如田文。

田文既死，公叔为相，尚[④]魏公主，而害吴起。公叔之仆曰："起易去也。"公叔曰："奈何？"其仆曰："吴起为人节廉而自喜名也。君因先与武侯言曰：'夫吴起贤人也，而侯之国小，又与强秦壤界[⑤]，

臣窃恐起之无留心也。'武侯即曰:'奈何?'君因谓武侯曰:'试延以公主,起有留心则必受之,无留心则必辞矣。以此卜之。'君因召吴起而与归,即令公主怒而轻君。吴起见公主之贱君也,则必辞。"于是吴起见公主之贱魏相,果辞魏武侯。武侯疑之而弗信也。吴起惧得罪,遂去,即之楚。

楚悼王素闻起贤,至则相楚。明法审令,捐不急之官[6],废公族疏远者,以抚养战斗之士。要在强兵,破驰说之言从横者。于是南平百越;北并陈蔡,却三晋;西伐秦。诸侯患楚之强。故楚之贵戚尽欲害吴起。及悼王死,宗室大臣作乱而攻吴起,吴起走之王尸而伏之。击起之徒因射刺吴起,并中悼王。悼王既葬,太子立,乃使令尹尽诛射吴起而并中王尸者。坐[7]射起而夷宗死者七十余家。

【注释】

①不敢东乡:不敢向东侵犯。乡,通"向",对着。

②宾从:服从,归顺。

③属:通"嘱",托付。

④尚:古代臣娶君之女称为尚。

⑤壤界:国土相接。

⑥捐不急之官:淘汰裁减无关紧要的冗员。捐,弃置。

⑦坐:因犯……罪。

【译文】

吴起做西河守,取得了很高的声望。魏国设置了相位,任命田文做国相。吴起很不高兴,对田文说:"请让我与您比一比功劳,可以吗?"田文说:"可以。"吴起说:"统率三军,让士兵乐意为国去死战,敌国不敢图谋魏国，您和我比，谁好？”田文说：“不如您。”吴起说：“管理文武百官，让百姓亲附，充实府库的储备，您和我比，谁行？”田文说：“不如您。”吴起说：“拒守西河使秦国的军队不敢向东侵犯，韩国、赵国服从归顺，您和我比，谁能？”田文说：“不如您。”吴起说：“这几方面您都不如我，可是您的职位却在我之上，是什么道理呢？”田文说：“国君还年轻，国人疑虑不安，大臣不亲附，百姓不信任，正处在这个时候，是把政事托付给您呢，还是应当托付给我？”吴起沉默了许久，然后说：“应该托付给您啊。”田文说：“这就是我的职位比您高的原因啊。”吴起这才明白不如田文。

田文死后，公叔出任国相，娶了魏君的女儿，却畏忌吴起。公叔的仆人说：“吴起是不难赶走的。”公叔问：“怎么办？”那个仆人说：“吴起为人有骨气而又喜好名誉、声望。您可找机会先对武侯说：‘吴起是个贤能的人，而您的国土太小了，又和强大的秦国接壤，我私下担心吴起没有长期留在魏国的打算。’武侯就会说：‘那可怎么办呢？’您就趁机对武侯说：‘请用下嫁公主的办法试探他，如果吴起有长期留在魏国的心意，就一定会答应娶公主，如果没有长期留下来的心意，就一定会推辞。用这个办法能推断他的心志。’您找个机会请吴起一道回家，故意让公主发怒而当面鄙视您。吴起见公主这样蔑视您，那就一定不会娶公主了。”当时，吴起见到公主如此蔑视国相，果然辞绝了魏武侯。武侯怀疑吴起，也就不再信任他。吴起怕招来灾祸，于是离开魏国，随即就到楚国去了。

楚悼王一向听说吴起贤能，刚到楚国就任命他为国相。他用法严明，依法办事，令出必行，淘汰并裁减无关紧要的冗员，废除国君远门宗族的按例供给，来抚养战士。致力于加强军事力量，揭穿往来奔走的游说之客，不再让他们干扰国政。于是向南平定了百越；向北吞并了陈国和蔡国，打退韩、赵、魏三国的进攻；向西又讨伐了秦国。诸侯各国对楚国的强大感到忧虑。以往被吴起废除供给的疏远王族都想谋害吴起。等悼公一死，王室大臣发动骚乱，攻打吴起，吴起逃到楚王停尸的地方，俯伏在悼王的尸体上。攻打吴起的那帮人趁机用箭射吴起，同时也射中了悼王的尸体。等把悼王安葬停当后，太子即位，就让令尹把射杀吴起同时射中悼王尸体的人全部处死。由于射杀吴起而被灭族的有七十多家。

名师点评

本篇中“吴宫教战”凸显了孙武的执法严格;“田忌赛马”“围魏救赵”“智斗庞涓”，凸显了孙膑的足智多谋；吴起与士卒同甘共苦，凸显了吴起的廉洁公平。这三位军事家的身上都存在其独特的闪光点，为后世树立了光辉的榜样。另外，孙膑、吴起均有过人之智，却不能救自己之难，令人深思。

延伸/阅读

《孙子兵法》

《孙子兵法》，又称《孙武兵法》，是中国现存最早的兵书，由春秋末期吴国将军孙武撰写。该书详尽地论述了决定战争胜败的基本因素，系统地揭示了战争的客观规律，而且叙述简洁明了，内容富有哲理，被誉为“兵经”，在世界军事史上具有举足轻重的地位。

学海/拾贝

☆ 约束不明，申令不熟，将之罪也；既已明而不如法者，吏士之罪也。
☆ 今以君之下驷与彼上驷，取君上驷与彼中驷，取君中驷与彼下驷。
☆ 今梁赵相攻，轻兵锐卒必竭于外，老弱罢于内。
☆ 夫解杂乱纷纠者不控卷，救斗者不搏撠，批亢捣虚，形格势禁，则自为解耳。
☆ 百里而趣利者蹶上将，五十里而趣利者军半至。

商君列传

名师导读

《商君列传》主要记载了商鞅在秦国进行变法革新的事迹，并以史笔记录了商鞅的功过是非。本篇记述了改革家商鞅惊世骇俗的行为和悲剧性的一生，展现了商鞅在因循守旧、不思革新的国家，为了变法而奋不顾身的人物形象。

【原文】

商君者，卫之诸庶孽（niè）公子也，名鞅，姓公孙氏，其祖本姬姓也。鞅少好刑名之学，事魏相公叔座为中庶子。公叔座知其贤，未及进，会座病，魏惠王亲往问病，曰："公叔病，有如不可讳，将奈社稷何[①]？"公叔曰："座之中庶子公孙鞅，年虽少，有奇才，愿王举国而听之。"王嘿[②]然。王且去，座屏人言曰："王即[③]不听用鞅，必杀之，无令出境。"王许诺而去。公叔座召鞅谢[④]曰："今者王问可以为相者，我言若，王色不许我。我方先君后臣，因谓王即弗用鞅，当杀之。王许我。汝可疾去矣，且见禽[⑤]。"鞅曰："彼王不能用君之言任臣，又安能用君之言杀臣乎？"卒不去。惠王既去，而谓左右曰："公叔病甚，悲乎，欲令寡人以国听公孙鞅也，岂不悖哉！"

【注释】

①奈社稷何：把国家怎么样，意即怎样安顿国家。

②嘿（mò）：同“默”。

③即：如，如果。

④谢：道歉。

⑤禽：同“擒”，拘捕，捕捉。

【译文】

商君，是卫国国君姬妾生的公子，名鞅，姓公孙，他的祖先原本姓姬。公孙鞅年少时就喜欢刑名法术之学，侍奉魏国国相公叔座，做中庶子。公叔座知道他贤能有才干，还没来得及向魏王推荐，正巧碰上公叔座得了病，魏惠王亲自去看望他，说：“你的病倘有不测，国家将怎么办呢？”公叔座回答说：“我的中庶子公孙鞅，虽然年轻，却有奇才，希望大王能把国政全部交给他，由他去治理。”魏惠王听后沉默无语。当魏惠王打算离开时，公叔座屏退左右随侍人员，说：“大王假如不任用公孙鞅，就一定要杀掉他，不要让他走出国境。”魏王答应了他的要求就离去了。公叔座招来公孙鞅，道歉说：“刚才大王询问能够出任国相的人，我推荐了你，看大王的神情不会同意我的建议。我当先忠于君后考虑臣的立场，因而劝大王假如不任用公孙鞅，就该杀掉他。大王答应了我的请求。你赶快离开吧，不然马上就要被擒。”公孙鞅说：“大王既然不能听您的话任用我，又怎么能听您的话来杀我呢？”最终也没有离开魏国。惠王离开后，对随侍人员说：“公叔座的病很严重，真叫人伤心啊！他想要我把国政全部交给公孙鞅掌管，难道不是糊涂了吗？”

【原文】

公叔既死，公孙鞅闻秦孝公下令国中求贤者，将修缪公之业，东

复侵地，乃遂西入秦，因孝公宠臣景监以求见孝公。孝公既见卫鞅，语事良久，孝公时时睡，弗听。罢而孝公怒景监曰：“子之客妄人耳，安足用邪！”景监以让卫鞅。卫鞅曰：“吾说公以帝道，其志不开悟矣。”后五日，复求见鞅。鞅复见孝公，益愈，然而未中旨。罢而孝公复让景监，景监亦让鞅。鞅曰：“吾说公以王道①而未入也。请复见鞅。”鞅复见孝公，孝公善之而未用也。罢而去。孝公谓景监曰：“汝客善，可与语矣。”鞅曰：“吾说公以霸道，其意欲用之矣。诚复见我，我知之矣。”卫鞅复见孝公。公与语，不自知膝之前于席也。语数日不厌。景监曰：“子何以中吾君？吾君之欢甚也。”鞅曰：“吾说君以帝王之道比三代，而君曰：‘久远，吾不能待。且贤君者，各及其身显名天下，安能邑邑②待数十百年以成帝王乎？’故吾以强国之术说君，君大说之耳。然亦难以比德于殷周矣。”

【注释】

①王道：指夏禹、商汤、周文武的三王之道。

②邑邑：闷闷不乐的样子。

【译文】

公叔座死后不久，公孙鞅听说秦孝公下令在全国寻访有才能的人，要重整秦缪公时代的霸业，向东收复失地，他就西去秦国，依靠孝公的宠臣景监求见孝公。孝公召见卫鞅，让他说了很长时间的国家大事，孝公一边听一边打瞌睡，一点儿也听不进去。事后孝公迁怒景监说：“你的客人是大言欺人的家伙，这种人怎么能任用呢！”景监又用孝公的话责备卫鞅。卫鞅说：“我用尧舜治国的方法劝说大王，他的心志不能领会。”过了几天，景监又请求孝公召见卫鞅。卫鞅再见孝公时，把治国之道说得淋漓尽致，可还是不合孝公的心意。事后孝公又责备景监，景监也责备卫鞅。卫鞅说：“我用禹、汤、文、武的治国方法劝说大王而他听不进去。请求他再召见我一次。”卫鞅又一次见到孝公，孝公对他很友好，可是没任用他。会见退出后，孝公对景监说：“你的客人不错，我可以和他谈谈了。”景监告诉卫鞅，卫鞅说：“我用春秋五霸的治国方法去说服大王，看他的心思是准备采纳了。果真再召见我一次，我就知道该说些什么啦。”于是卫鞅又见到了孝公，孝公跟他谈得非常投机，不知不觉地在垫席上膝行而向商鞅凑过去，谈了好几天都不觉得厌倦。景监说：“您凭什么能说中我们君主的心思呢？我们国君高兴极了。”卫鞅回答说：“我劝大王采用帝王治国的办法，建立夏、商、周那样的盛世，可是大王说：‘时间太长了，我不能等。何况贤明的国君，谁不希望自己在位的时候名扬天下，怎么能叫我闷闷不乐地等上几十年、几百年才成就帝王大业呢？’所以，我用富国强兵的办法劝说他，他才特别高兴。然而，这样也就不能与殷、周的德行相媲美了。”

【原文】

孝公既用卫鞅，鞅欲变法，恐天下议己。卫鞅曰：“疑[①]行无名，疑事无功。且夫有高人之行者，固见非于世；有独知之虑者，必见敖于民。愚者暗于成事，知者见于未萌。民不可与虑始，而可与乐成。论至德者不和于俗，成大功者不谋于众。是以圣人苟可以强国，不法其故；苟可以利民，不循其礼。”孝公曰：“善。”甘龙曰：“不然。圣人不易民而教，知者不变法而治。因民而教，不劳而成功；缘法而治者，吏习而民安之。”卫鞅曰：“龙之所言，世俗之言也。常人安于故俗，学者溺[②]于所闻。以此两者居官守法可也，非所与论于法之外也。三代不同礼而王，五伯不同法而霸。智者作法，愚

者制焉；贤者更礼，不肖者拘焉。”杜挚曰：“利不百，不变法；功不十，不易器。法古无过，循礼无邪。”卫鞅曰：“治世不一道，便国不法古。故汤武不循古而王，夏殷不易礼而亡。反古者不可非，而循礼者不足多。”孝公曰：“善。”以卫鞅为左庶长，卒定变法之令。

令民为什伍[③]，而相牧司[④]连坐。不告奸者腰斩，告奸者与斩敌首同赏，匿奸者与降敌同罚。民有二男以上不分异者，倍其赋。有军功者，各以率受上爵；为私斗者，各以轻重被刑大小。僇力本业，耕织致粟帛多者复其身。事末利及怠而贫者，举以为收孥[⑤]。宗室非有军功论，不得为属籍。明尊卑爵秩等级，各以差次名田宅，臣妾衣服以家次。有功者显荣，无功者虽富无所芬华。

【注释】

①疑：迟疑，犹豫。

②溺：沉迷不悟。

③什伍：古代军队的基层编制，五家为伍，十家为什。

④牧司：监督，举发。

⑤收孥（nú）：古时，一人犯法，妻子连坐，没入官府作为奴婢。

【译文】

孝公任用卫鞅后不久，打算变更法度，又恐怕天下人议论自己。卫鞅说：“行动犹豫不决就不会搞出名堂，办事犹豫不决就不会成功。况且超出常人的行为，本来就常被世俗非议；有独到见解的人，一定会被一般人嘲笑。愚蠢的人事成之后都弄不明白，聪明的人事先就能预见将要发生的事情。不能和百姓谋划新事物的开始，却可以和他们共享成功的欢乐。探讨最高道德的人不与世俗合流，成就大业的人不与一般人共谋。因此，圣人只要能够使国家强盛，就不必沿用旧的成法；只要能够利于百姓，就不必遵循旧的礼制。”孝公说：“讲得好。”甘龙说：“不是这样。圣人不改变民俗而施以教化，聪明的人不改变成法而治理国家。顺应民风民俗而施教化，不费力就能成功；沿袭成法而治理国家，官吏习惯而百姓安定。”卫鞅说：“甘龙所说的，是世俗的说法啊。一般人安于旧有的习俗，而读书人拘泥于书本上的见闻。这两种人奉公守法还可以，但不能和他们谈论成法以外的改革。三代礼制不同而都能统一天下，五伯法制不一而都能各霸一方。聪明的人制定法度，愚蠢的人被法度制约；贤能的人变更礼制，寻常的人被礼制约束。”杜挚说：“没有百倍的利益，就不能改变成法；没有十倍的功效，就不能更换旧器。仿效成法没有过失，遵循旧礼不会出偏差。”卫鞅说：“治理国家没有一成不变的办法，有利于国家就不仿效旧的法度。所以汤武不沿袭旧法度而能称王天下，夏殷不更换旧礼制而灭亡。反对旧法的人不能非难，而沿袭旧礼的人不值得赞扬。”孝公说：“讲得好。”于是任命卫鞅为左庶长，终于制定了变更成法的命令。

下令把十家编成一什，五家编成一伍，互相监视检举，一家犯法，十家连带治罪。不告发奸恶的处以拦腰斩断的刑罚，告发奸恶的与斩敌首级受同样的赏，隐藏奸恶的人与投降敌人受到同样的惩罚。一家有两个以上的壮丁不分财别居、自立门户的，赋税加倍。有军功的人，各按标准升爵受赏；为私事斗殴的，按情节轻重分别处以大小不同的刑罚。致力于农业生产，让粮食丰收、布帛增产的免除自身的劳役或赋税。因从事工商业及懒惰而贫穷的，把他们及其妻子全都没收为官奴。王族里没有军功的，不能列入家族的名册。明确尊卑爵位等级，各按等级差别占有土地、房产，家臣奴婢的衣裳、服饰，按各家爵位等级决定。有军功的显赫荣耀，没有军功的即使很富有也不能尊贵显荣。

【原文】

令既具，未布，恐民之不信，已乃立三丈之木于国都市南门，募民有能徙置北门者予十金。民怪之，莫敢徙。复曰："能徙者予五十金。"有一人徙之，辄予五十金，以明不欺。卒下令。

令行于民期年[①]，秦民之国都言初令之不便者以千数。于是太子犯法。卫鞅曰："法之不行，自上犯之。"将法太子。太子，君嗣也，不可施刑，刑其傅公子虔，黥其师公孙贾。明日，秦人皆趋令[②]。行之十年，秦民大说，道不拾遗，山无盗贼，家给人足。民勇于公战，怯于私斗，乡邑大治。秦民初言令不便者有来言令便者，卫鞅曰"此皆乱化之民也"，尽迁之于边城。其后民莫敢议令。

于是以鞅为大良造。将兵围魏安邑，降之。居三年，作为筑冀阙宫庭于咸阳，秦自雍徙都之。而令民父子兄弟同室内息者为禁。而集小乡邑聚[③]为县，置令、丞，凡三十一县。为田开阡陌封疆，而赋税平。平斗桶权衡丈尺。行之四年，公子虔复犯约，劓[④]之。居五年，秦人富强，天子致胙于孝公，诸侯毕贺。

【注释】

①期年：一周年。

②趋令：遵行法令。

③小乡邑聚：四者皆为百姓集居的处所。

④劓（yì）：古代的一种酷刑，割掉鼻子。

【译文】

新法准备就绪后，还没公布，担心百姓不相信，就在国都后边市场的南门竖起一根三丈长的木头，招募百姓中能把木头搬到北门的人赏给十金。百姓觉得这件事很奇怪，没人敢动。又宣布"能把木头搬到北门的人赏五十金"。有一个人把它搬走了，当下就给了他五十金，借此表明令出必行，绝不欺骗。事后就颁布了新法。

新法在民间施行了整一年，秦国老百姓到国都说新法不方便的人数以千计。正当这时，太子触犯了新法。卫鞅说："新法不能顺利推行，是因为上层的人触犯它。"将依新法处罚太子。太子，是国君的继承人，又不能施以刑罚，于是就处罚了监督他行为的老师公子虔，以墨刑处罚了向他传授知识的老师公孙贾。第二天，秦国人就都遵照新法执行了。新法推行了十年，秦国百姓都非常高兴，路上没有人拾别人丢的东西据为己有，山林里也没了盗贼，家家富裕充足。人民勇于为国家打仗，不敢为私利争斗，乡村、城镇社会秩序安定。当初说新法不方便的秦国百姓又有来说法令方便的，卫鞅说"这都是扰乱教化的人"，于是把他们全部迁到边疆去。此后，百姓再没人敢议论新法了。

于是卫鞅被任命为大良造。率领军队围攻魏国安邑，使他们屈服投降。过了三年，秦国在咸阳建筑宫廷城阙，把国都从雍地迁到咸阳。下令禁止百姓父子兄弟、男女长幼同居一室。把零星的乡镇村庄合并成县，设置了县令、县丞，总共合并划分为三十一个县。废除井田重新划分田塍的界线，鼓励开垦荒地，而使赋税平衡。统一全国的度量衡制度。施行了四年，公子虔又犯了新法，被判处劓刑。过了五年，秦国富强，周天子把祭肉赐给秦孝公，各国诸侯都来祝贺。

【原文】

其明年，齐败魏兵于马陵，虏其太子申，杀将军庞涓。其明年，卫鞅说孝公曰："秦之与魏，譬若人之有腹心疾，非魏并秦，秦即并魏。何者？魏居领阨[①]之西，都安邑，与秦界河而独擅山东之利。利则西侵秦，病[②]则东收地。今以君之贤圣，国赖以盛。而魏往年大破于齐，诸侯畔之，可因此时伐魏。魏不支秦，必东徙。东徙，秦据河山之固，东乡以制诸侯，此帝王之业也。"孝公以为然，使卫鞅将而伐魏。魏使公子卬将而击之。军既相距[③]，卫鞅遗[④]魏将公子卬书曰："吾始与公子欢，今俱为两国将，不忍相攻，可与公子面相见，盟，乐饮而罢兵，以安秦魏。"

魏公子卬以为然。会盟已，饮，而卫鞅伏甲士而袭虏魏公子卬，因攻其军，尽破之以归秦。魏惠王兵数破于齐秦，国内空，日以削[⑤]，恐，乃使使割河西之地献于秦以和。而魏遂去安邑，徙都大梁。梁惠王曰："寡人恨不用公叔座之言也。"卫鞅既破魏还，秦封之於[⑥]、商十五邑，号为商君。

【注释】

①领阨（è）：山岭险要之处。领，通"岭"。阨，要塞。

②病：不利。

③相距：两军对抗。距，通"拒"。

④遗（wèi）：赠送。

⑤削：国力削弱。

⑥於：地名，在今河南陕县东。

【译文】

第二年，齐国军队在马陵打败魏军，俘虏了魏国的太子申，射杀将军庞涓。又一年后，卫鞅劝孝公说：“秦和魏的关系，就像人得了心腹疾病，不是魏兼并了秦国，就是秦国吞并了魏国。为什么要这样说呢？魏国地处山岭险要的西部，建都安邑，与秦国以黄河为界而独有崤山以东的地利。形势有利就向西进犯秦国，不利时就向东扩展领地。如今凭借大王圣明贤能，秦国才繁荣昌盛。而魏国往年被齐国打得大败，诸侯背叛了他，可以趁此良机攻打魏国。魏国抵挡不住秦国，必然要向东撤退。一向东撤退，秦国就占据了黄河和崤山险固的地势，向东就可以控制各国诸侯，这可是统一天下的帝王伟业啊！”孝公认为说得对，就派卫鞅率领军队攻打魏国。魏国派公子卬领兵迎击。两军相拒对峙，卫鞅派人给魏将公子卬送来一封信，写道：“我当初与公子相处得很快乐，如今你我成了敌对两国的将领，不忍心相互攻击，可以与公子当面相见，订立盟约，痛痛快快地喝几杯然后各自撤兵，让秦魏两国相安无事。”

魏公子卬认为卫鞅说得对。会盟后设宴饮酒，而卫鞅埋伏下的士兵突然袭击并俘虏了魏公子卬，趁机攻打他的军队，彻底打败了魏军后，押着公子卬班师回国。魏惠王的军队多次被齐、秦击溃，国内空虚，一天比一天削弱，魏惠王非常害怕，于是派使者割让河西地区奉献给秦国做讲和的条件。魏国撤离安邑，迁都大梁。梁惠王说：“我真后悔当初没采纳公叔座的意见啊。”卫鞅打败魏军回来以后，秦孝公把於、商十五个邑封给了他，封号叫作商君。

【原文】

商君相秦十年，宗室贵戚多怨望[①]者。赵良见商君。商君曰：“鞅之得见也，从孟兰皋，今鞅请得交，可乎？”赵良曰：“仆弗敢愿也。孔丘有言曰：‘推贤而戴者进，聚不肖而王者退。’仆不肖，故不敢受命。

仆闻之曰：‘非其位而居之曰贪位，非其名而有之曰贪名。’仆听君之义，则恐仆贪位贪名也。故不敢闻命。”

商君曰：“子不说吾治秦与？”赵良曰：“反听②之谓聪，内视③之谓明，自胜④之谓强。虞舜有言曰：‘自卑也尚矣。’君不若道虞舜之道，无为问仆矣。”商君曰：“始秦戎翟之教，父子无别，同室而居。今我更制其教，而为其男女之别，大筑冀阙，营如鲁卫矣。子观我治秦也，孰与五羖（gǔ）大夫贤？”赵良曰：“千羊之皮，不如一狐之掖⑤；千人之诺诺⑥，不如一士之谔谔⑦。武王谔谔以昌，殷纣墨墨⑧以亡。君若不非武王乎，则仆请终日正言而无诛⑨，可乎？”商君曰：“语有之矣，貌言华⑩也，至言⑪实也，苦言⑫药也，甘言⑬疾也。夫子果肯终日正言，鞅之药也。鞅将事子，子又何辞焉！”赵良曰：“夫五羖大夫，荆之鄙人也。闻秦缪公之贤而愿望见，行而无资，自粥⑭于秦客，被⑮褐食（sì）牛。期年，缪公知之，举之牛口之下，而加⑯之百姓之上，秦国莫敢望焉。相秦六七年，而东伐郑，三置晋国之君，一救荆国之祸。发教封内，而巴人致贡；施德诸侯，而八戎来服。由余闻之，款⑰关请见。五羖大夫之相秦也，劳不坐乘，暑不张盖，行于国中，不从车乘，不操干戈，功名藏于府库，德行施于后世。五羖大夫死，秦国男女流涕，童子不歌谣，舂者不相杵。此五羖大夫之德也。今君之见秦王也，因嬖人景监以为主，非所以为名也。相秦不以百姓为事，而大筑冀阙，非所以为功也。刑黥太子之师傅，残伤民以骏刑⑱，是积怨畜祸也。教之化民也深于命，民之效上也捷于令。今君又左建外易，非所以为教也。君又南面而称寡人，日绳秦之贵公子。《诗》曰：‘相鼠有体，人而无礼；人而无礼，何不遄死。’以《诗》观之，非所以为寿⑲也。公子虔杜门不出已八年矣，君又杀祝懽（huān）而黥

公孙贾。《诗》曰：‘得人者兴，失人者崩。’此数事者，非所以得人也。君之出也，后车十数，从车载甲，多力而骈胁[20]者为骖乘[21]，持矛而操阘戟者旁车而趋。此一物不具，君固不出。书曰：‘恃德者昌，恃力者亡。’君之危若朝露，尚将欲延年益寿乎？则何不归十五都，灌园于鄙，劝秦王显岩穴之士，养老存孤，敬父兄，序有功，尊有德，可以少安。君尚将贪商於之富，宠秦国之教，畜百姓之怨，秦王一旦捐宾客而不立朝，秦国之所以收君者，岂其微哉？亡可翘足而待。”商君弗从。

【注释】

①望：怨，埋怨责备。

②反听：能够听从别人的意见。

③内视：自我省察。

④自胜：自我克制。

⑤掖：古同“腋”，胳肢窝。

⑥诺诺：连声应诺，有顺从、附和的意思。

⑦谔（è）谔：直言不讳的样子。

⑧墨墨：同“默默”。

⑨诛：责备。

⑩貌言华：表面上动听而实际虚浮的话。

⑪至言：真实至诚的话。

⑫苦言：逆耳的话。

⑬甘言：献媚奉承的话。

⑭粥：通“鬻”，卖。

⑮被：通“披”，穿。

⑯加：凌驾。

⑰款：叩，敲。

⑱骏刑：严峻的刑罚。骏，通“峻”。

⑲为寿：祝颂之辞。此引申为恭维。

⑳骈（pián）胁：肌肉健壮，不显胁骨。

㉑骖（cān）乘：古代指陪乘在车右的人。

【译文】

商君出任秦相十年，很多王室贵戚都怨恨他。赵良去见商君。商君说：“我能见到你，是由于孟兰皋的介绍，现在我们交个朋友，可以吗？”赵良回答说：“鄙人不敢高攀。孔子说过：‘推荐贤能，拥护者自然会来，聚集不肖之徒，胸怀天下的人也会离去。’鄙人不才，所以不敢从命。鄙人听到过这样的说法：‘不该占有的职位而占有它叫作贪位，不该享有的名声而享有它叫作贪名。’鄙人要是接受了您的情谊，恐怕就是鄙人既贪位又贪名了。所以不敢从命。”

商鞅说：“您不高兴我对秦国的治理吗？”赵良说：“能够听从别人的意见叫作聪，能够自我省察叫作明，能够自我克制叫作强。虞舜曾说过：‘谦虚的人反而更高尚、被人尊重。’您不如遵循虞舜的主张去做，无须问我了。”商鞅说：“当初，秦国的习俗和戎狄一样，父子不分开，男女老少同居一室。如今我改变了秦国的教化，使他们男女有别，分居而住，大造宫廷城阙，把秦国治理得像鲁国、魏国一样。您看我治理秦国，与五羖大夫比，谁更有才干？”赵良说：“一千张羊皮，比不上一领狐腋贵重；一千个随声附和的人，比不上一个人正义直言。武王允许大臣们直言谏诤，国家就昌盛，纣王的大臣不敢讲话，因而灭亡。您如果不反对武王的做法，那么，请允许鄙人整天直言而不受责备，可以吗？”商君说：“俗话说，外表上动听的话好比是花朵，真实至诚的话如同果实，苦口相劝、听来逆耳的话是治病的良药，献媚奉承的话让人生出疾病。您果真肯终日正义直言，那就是我治病的良药了。我将拜您为师，您为什么又拒绝和我交朋友呢！”赵良说：“那五羖大夫，是楚国偏僻的乡下人。听说秦缪公（一作秦穆公）贤明，就想去当面拜见，要去却没有路费，就把自己卖给秦国人，穿着粗布短衣给人家喂牛。整整过了一年，秦缪公知道了这件事，把他从卑下的地位提拔起来，凌驾于万人之上，秦国没有谁不满意的。他出任秦相六七年，向东讨伐过郑国，三次拥立晋国的国君，一次出兵救楚。在境内施行德化，巴国前来纳贡；施德政于诸侯，四方少数民族前来朝见。由余听到这种情形，前来敲门投奔。五羖大夫出任秦相，劳累不坐车，酷暑炎热不打伞，走遍全国，不用随从的车辆，不带武装防卫，他的功名载于史册，藏于府库，他的德行施教于后代。五羖大夫死时，秦国不论男女都痛哭流涕，连小孩子也不唱歌谣，正在舂米的人也因悲哀而不再唱歌以助力捣米。这就是五羖大夫的德行啊。如今您得以见秦王，靠的是秦王宠臣景监推荐，这不是求取声名的正常途径。身为秦国国相不为百姓造福而大规模地营建宫阙，这就说不上为国家建立功业了。惩治太子的师傅，用严刑酷法残害百姓，这是积累怨恨、聚积祸患啊。教化百姓比命令百姓更深入人心，百姓模仿上边的行为比接受命令更为迅速。如今您建立权威变更法度，违背常情常理，这不是对百姓施行教化啊。您又在商於封地南面称君，天天用新法来逼迫秦国的贵族子弟。《诗经》上说：‘相鼠还懂得礼貌，人反而没有礼仪；人既然失去了礼仪，为什么不快快地死呢。’照这句诗看来，实在是不能恭维您了。公子虔闭门不出已经八年了，您又杀死祝懽而用墨刑惩处公孙贾。《诗经》上说：‘得到人心的振兴，失掉人心的灭亡。’这几件事，都不是得人心的呀。您一出门，后边跟着数以十计的车辆，车上都是顶盔贯甲的卫士，身强力壮的人做贴身警卫，持矛操戟的人紧靠您的车子奔随。这些防卫缺少一样，您必定不敢出门。《尚书》上说：‘凭靠行德的昌盛，凭靠武力的灭亡。’您的处境就好像早晨的露水很快就会消亡一样危险，您还打算要延年益寿吗？那为什么不把商於十五邑封地交还秦国，到偏僻荒远的地方浇园自耕，劝秦王重用那些隐居山林的贤才，赡养老人，抚育孤儿，使父兄相互敬重，依功序爵，尊崇有德之士，这样才可以稍保平安。您还要贪图商於的富有，以独揽秦国的政教为荣宠，聚集百姓的怨恨，秦王一旦弃宾客而去不能当朝，秦国所要拘捕您的人难道能少吗？您丧身的日子就像抬起脚来那样迅速地到来。”但商君没有听从赵良的劝告。

【原文】

后五月而秦孝公卒，太子立。公子虔之徒告商君欲反，发吏捕商君。商君亡至关下，欲舍客舍。客人不知其是商君也，曰：“商君之法，舍人无验者坐之。”商君喟然叹曰：“嗟乎，为法之敝①一至此哉！”去之魏。魏人怨其欺公子卬而破魏师，弗受。商君欲之他国。魏人曰：“商君，秦之贼。秦强而贼入魏，弗归，不可。”遂内秦。商君既复入秦，走商邑，与其徒属发邑兵北出击郑。秦发兵攻商君，杀之于郑黾池。秦惠王车裂②商君以徇，曰：“莫如商鞅反者！”遂灭商君之家。

【注释】

①敝：通“弊”，害处。

②车裂：古代的一种酷刑，用五辆车把人体撕裂致死。

【译文】

五个月之后，秦孝公去世，太子即位。公子虔一班人告发商君要造反，派人去逮捕商君。商君逃跑到边境关口，想住旅店。旅店的主人不知道他就是商君，说："商君有令，住店的人没有证件店主要连带判罪。"商君长长地叹息说："哎呀，制定新法的贻害竟然到了这样的地步！"离开秦国潜逃到魏。魏国人怨恨他欺骗公子卬而打败魏军，拒绝收留他。商君打算到别的国家。魏国人说："商君，是秦国的逃犯，秦国强大而逃犯跑到魏国来，不送还，不行。"于是把商君送回秦国。商君再回到秦国后，就潜逃到他的封地商邑，和他的部属发动邑中的士兵，向北攻击郑国谋求生路。秦国出兵攻打商君，把他杀死在郑国黾池。秦惠王把商君五马分尸示众，说："不要像商鞅那样谋反！"于是就诛灭了商君全家。

名师点评

商鞅是我国先秦法家的杰出代表，他辅佐秦孝公变法，改革了秦国旧的制度，对内对外都取得了极大的成效，使落后的秦国一跃而为称雄诸侯的强国，为后来秦统一六国奠定了基础。商鞅变法重在诚信，所以立木赏金，取信于万民。我们在生活中也应做到凡事以信为重，言必信，行必果，这样才能得到他人的信任和支持。但是商鞅个人品质刻暴少恩，推行法制采取严酷的手段，有些地方过于严酷，已经为商鞅的结局埋下了伏笔。商鞅在秦孝公死后被横加罪名而遭杀害。一方面是变法之后强大的秦国，另一方面是惨烈的商鞅之死，也引人深思。当然，商鞅死了，商鞅之法却在秦国延续下来。

延伸/阅读

左庶长

商鞅曾任此职。商鞅变法之前，秦国有四种庶长：大庶长、右庶长、左庶长、驷车庶长。四种庶长都是职爵一体，既是爵位，又是官职。大庶长赞襄国君，大体相当于早期丞相；右庶长为王族大臣领政，左庶长为非王族大臣领政，驷车庶长则是专门执掌王族事务。四种庶长之中，除了左庶长可由非王族大臣担任，其余全部是王族专职。商鞅变法之后，秦国官制仿效中原变革，行开府丞相总摄政务，各庶长便虚化为军功爵位，不再有实职权力。商鞅变法规定：不论贵贱，以军功授爵。秦国的士兵只要斩获敌人士兵一个人头，就可以获得一级爵位、田一顷、宅一处和仆人一个。斩杀的首级越多，获得的爵位就越高。左庶长这个爵位名列在二十等爵的第十级。

学海/拾贝

☆ 彼王不能用君之言任臣，又安能用君之言杀臣乎？

☆ 且夫有高人之行者，固见非于世；有独知之虑者，必见敖于民。

☆ 愚者暗于成事，知者见于未萌。

☆ 反听之谓聪，内视之谓明，自胜之谓强。

☆ 千羊之皮，不如一狐之掖；千人之诺诺，不如一士之谔谔。

☆ 语有之矣，貌言华也，至言实也，苦言药也，甘言疾也。

☆ 书曰：“恃德者昌，恃力者亡。”

廉颇蔺相如列传

名师导读

《廉颇蔺相如列传》是以廉颇、蔺相如为主，兼及赵奢、李牧等人的合传。本篇选取了完璧归赵、渑池会、将相和三个典型事件，充分肯定了蔺相如大智大勇、威武不屈以及“先国家之急而后私仇”的崇高品德，同时也凸显了廉颇忠于国家、勇于改过的优秀品质。

【原文】

廉颇者，赵之良将也。赵惠文王十六年，廉颇为赵将伐齐，大破之，取阳晋，拜①为上卿，以勇气闻于诸侯。

蔺相如者，赵人也，为赵宦者令缪贤舍人。

赵惠文王时，得楚和氏璧。秦昭王闻之，使人遗赵王书，愿以十五城请易②璧。赵王与大将军廉颇诸大臣谋：欲予秦，秦城恐不可得，徒③见欺；欲勿予，即患④秦兵之来。计未定，求人可使报秦者，未得。宦者令缪贤曰：“臣舍人蔺相如可使。”王问：“何以知之？”对曰：“臣尝有罪，窃计欲亡走燕，臣舍人相如止臣，曰：‘君何以知燕王？’臣语曰：‘臣尝从大王与燕王会境上，燕王私握臣手，曰“愿结友”。以此知之，故欲往。’相如谓臣曰：‘夫赵强而燕弱，而君幸于赵王，故燕王欲结于君。今君乃亡赵走燕，燕畏赵，其势必不敢留君，而束[⑤]君归赵矣。君不如肉袒[⑥]伏斧质请罪，则幸得脱矣。’臣从其计，大王亦幸赦臣。臣窃以为其人勇士，有智谋，宜可使。”

于是王召见，问蔺相如曰：“秦王以十五城请易寡人之璧，可予不[⑦]？”相如曰：“秦强而赵弱，不可不许。”王曰：“取吾璧，不予我城，奈何？”相如曰：“秦以城求璧而赵不许，曲在赵。赵予璧而秦不予赵城，曲在秦。均[⑧]之二策，宁许以负秦曲[⑨]。”王曰：“谁可使者？”相如曰：“王必无人，臣愿奉璧往使。城入赵而璧留秦；城不入，臣请完璧归赵。”赵王于是遂遣相如奉璧西入秦。

【注释】

①拜：授予官职。

②易：交换。

③徒：白白地。

④患：担心。

⑤束：捆绑。

⑥肉袒（tǎn）：脱去上衣，露出上身。

⑦不：通“否”。

⑧均：衡量。

⑨负秦曲：使秦国承担理屈的责任。

【译文】

廉颇是赵国能征善战的将领。赵惠文王十六年，廉颇作为赵国的将军率领军队攻打齐国，大败齐军，继而夺取了阳晋，因此被封为上卿，以勇气在诸侯间闻名。

蔺相如是赵国人，是赵国太监总管缪贤家中的门客。

赵惠文王在位时，赵国得到了楚国的和氏璧。秦昭王听说了这件事，就派人给赵王送去一封书信，表示愿意用十五座城池来交换和氏璧。赵王与大将军廉颇以及大臣们商量：要是将宝玉给了秦国，恐怕不能得到秦国的城邑，白白地被欺骗；要是不给的话，就怕秦军马上攻打过来。一时间没有好的解决办法，想找一个能派去秦国回复的使者，没能找到。太监总管缪贤说：“我的门客蔺相如可以出使。”赵王问：“你怎么知道他可以出使呢？”缪贤回答说：“臣曾经犯下罪，私下打算逃亡到燕国去，我的门客蔺相如阻拦我，说：‘您如何得知燕王的想法呢？’我对他说：‘我曾经跟随大王在国境上与燕王会见，燕王偷偷握住我的手，说“愿意与您交个朋友”。因此我知道了他的想法，所以想到他那里去。’相如对我说：‘当时赵国强而燕国弱，并且您受到赵王的宠爱，所以燕王想要与您结交。如今您从赵国逃到燕国，燕国畏惧赵国，这种情形下燕王必定不敢收留您，而且还会将您捆绑起来送回赵国。您不如脱掉上衣，露出肩背，伏在斧刃之下请求处罚，也许这样能侥幸被赦免。’臣听从了他的建议，大王也开恩赦免了臣。臣认为这人是个勇士，有智谋，派他出使很合适。”

于是赵王立即召见，并问蔺相如：“秦王想要用十五座城池来交换我的和氏璧，是否能给他？”蔺相如说：“秦国强而赵国弱，不能不答应它。”赵王说：“得到了我的宝璧，若不给我城邑，我应该怎么办？”相如说：“秦国请求用城池交换宝璧，赵国如果不答应，是赵国理屈。赵国给了和氏璧但秦国不给赵国城池，是秦国理屈。衡量一下这两种策略，宁可答应它，让秦国来承担理屈的责任。”赵王说：“可以派遣谁做使臣？”蔺相如说：“大王如果确实无人可派，臣愿捧护宝璧出使秦国。城池归属赵国了，臣就将宝璧留在秦国；城池没有归赵国，我一定将和氏璧完好无损地带回赵国。”赵王于是派遣蔺相如捧护和氏璧西行入秦。

【原文】

秦王坐章台[①]见相如，相如奉璧奏[②]秦王。秦王大喜，传以示美人及左右，左右皆呼万岁。相如视秦王无意偿赵城，乃前曰：“璧有瑕，请指示王。”王授璧，相如因持璧却[③]立，倚柱，怒发上冲冠，谓秦王曰：“大王欲得璧，使人发书至赵王，赵王悉召群臣议，皆曰‘秦贪，负[④]其强，以空言求璧，偿城恐不可得’。议不欲予秦璧。臣以为布衣之交尚不相欺，况大国乎！且以一璧之故逆强秦之欢，不可。于是赵王乃斋戒五日，使臣奉璧，拜送书于庭。何者？严大国之威以修敬也。今臣至，大王见臣列观，礼节甚倨；得璧，传之美人，以戏弄臣。臣观大王无意偿赵王城邑，故臣复取璧。大王必欲急臣，臣头今与璧俱碎于柱矣！”相如持其璧睨[⑤]柱，欲以击柱。秦王恐其破璧，乃辞谢固请，召有司案图，指从此以往十五都予赵。相如度[⑥]秦王特以诈佯为予赵城，实不可得，乃谓秦王曰：“和氏璧，天下所共传[⑦]宝也，赵王恐，不敢不献。赵王送璧时，斋戒五日，今大王亦宜斋戒五日，设九宾[⑧]于廷，臣乃敢上璧。”

秦王度之，终不可强夺，遂许斋五日，舍相如广成传。相如度秦王虽斋，决负约不偿城，乃使其从者衣褐⑨，怀其璧，从径道亡⑩，归璧于赵。

【注释】

①章台：战国时秦国渭南离宫内的一座台观名。

②奏：进献。

③却：退。

④负：倚仗。

⑤睨（nì）：斜视。

⑥度：认为，猜想。

⑦共传：公认。

⑧九宾：当时外交上最隆重的礼仪，由九名迎宾典礼人员依次传呼接引宾客上殿。

⑨褐：粗麻布短衣。

⑩亡：逃走。

【译文】

秦王坐在章台上接见蔺相如，蔺相如捧璧献给秦王。秦王大喜，把和氏璧给妻妾和左右侍从传看，左右高呼万岁。蔺相如看出秦王没有用城邑给赵国抵偿的意思，便走上前去说："璧上有个小斑点，请让我指给大王看。"秦王把璧交给他，蔺相如于是手持璧玉退后几步站定，身体靠在柱子上，怒发冲冠，对秦王说："大王想得到和氏璧，派人送信给赵王，赵王召集全体大臣商议，大家都说：'秦国贪得无厌，倚仗它的强大，想凭空话得到宝璧，给我们的城邑恐怕是不能得到的。’商议的结果是不想把宝璧给秦国。我认为平民百姓交往尚且不互相欺骗，何况是大国呢！为了一块璧玉就触犯强大的秦国，不可以这样。于是赵王斋戒了五天，派我捧着宝璧送到秦国来，临行前还在殿堂上恭敬地拜送国书。为什么要这样呢？是尊重大国的威望以表示敬意呀。如今我来到贵国，大王却在一般的台观接见我，礼节非常傲慢；得到宝璧后，传给嫔妃们看，这样来戏弄我。我看大王没有给赵王十五座城的诚意，所以我又收回了宝璧。大王如果一定要逼我，我的头今天就同宝璧一起撞碎在这柱子上！”蔺相如手持宝璧，斜视庭柱，就要向庭柱上撞去。秦王怕他真把宝璧撞碎，便再三向他道歉，坚决请求他不要这样做，并召来主管的官员查看地图，指明从某地到某地的十五座城邑都交割给赵国。蔺相如估计秦王不过是用欺诈手段假装给赵国城邑，实际上赵国是不可能得到的，就对秦王说：“和氏璧是天下公认的宝物，赵王惧怕贵国，不敢不奉献出来。赵王送璧之前，斋戒了五天，如今大王也应斋戒五天，在殿堂上安排九宾大典，我才敢献上宝璧。”秦王估量此璧毕竟不可强力夺取，于是就答应斋戒五天，请蔺相如住在广成传舍。蔺相如估计秦王虽然答应斋戒，但必定会违约不给城邑，便派他的随从穿上粗麻布衣服，怀中藏好宝璧，从小路逃出，把宝璧送回了赵国。

【原文】

秦王斋五日后，乃设九宾礼于廷，引赵使者蔺相如。相如至，谓秦王曰：“秦自缪公以来二十余君，未尝有坚明[①]约束[②]者也。臣诚恐见欺于王而负赵，故令人持璧归，间至赵矣。且秦强而赵弱，大王遣一介[③]之使至赵，赵立奉璧来。今以秦之强而先割十五都予赵，赵岂敢留璧而得罪于大王乎？臣知欺大王之罪当诛，臣请就汤镬[④]，唯大王与群臣孰计议之。”秦王与群臣相视而嘻。左右或欲引相如去，

秦王因曰："今杀相如，终不能得璧也，而绝秦赵之欢，不如因而厚遇之，使归赵，赵王岂以一璧之故欺秦邪！"卒廷见相如，毕礼而归之。

相如既归，赵王以为贤大夫，使不辱于诸侯，拜相如为上大夫。秦亦不以城予赵，赵亦终不予秦璧。

其后秦伐赵，拔⑤石城。明年，复攻赵，杀二万人。

【注释】

①坚明：坚决明确地遵守。

②约束：信约，盟约。

③一介：一个。

④汤镬（huò）：开水锅。古代有一种酷刑为烹刑，即把人放入开水锅中煮死。

⑤拔：攻克。

【译文】

秦王斋戒五天后，就在殿堂上安排了九宾大典，去请赵国使者蔺相如。蔺相如来到后，对秦王说："秦国从缪公以来的二十几位君主，从没有一个坚守盟约的。我实在是怕被大王欺骗而对不起赵王，所以派人带着宝璧从小路回赵国了。况且秦强赵弱，大王派一位使臣到赵国，赵国立即就把宝璧送来。如今凭您秦国的强大，先把十五座城邑割让给赵国，赵国怎么敢留下宝璧而得罪大王呢？我知道欺骗大王之罪应被诛杀，我情愿受汤镬之刑，只希望大王和各位大臣仔细考虑此事。"秦王和群臣面露苦笑相互看着。侍从有人要把蔺相如拉下去受刑，秦王趁机说："如今杀了蔺相如，终归还是得不到宝璧，反而破坏了秦赵两国的交情，不如趁此好好款待他，放他回到赵国，赵王难道会因为一块璧玉而欺骗秦国吗！"最终秦王还是在殿堂上接见相如，大礼结束后就让他回国了。

蔺相如回国后，赵王认为他是一位贤能的大夫，出使时没有受到诸侯的欺辱，于是封他为上大夫。秦国没有把城邑给赵国，赵国也始终不给秦国宝璧。

此后秦国攻打赵国，夺取了石城。第二年，秦国再次攻赵，杀死两万人。

【原文】

秦王使使者告赵王，欲与王为好会于西河外渑池。赵王畏秦，欲毋行。廉颇、蔺相如计曰："王不行，示赵弱且怯也。"赵王遂行，相如从。廉颇送至境，与王诀曰："王行，度道里[①]会遇之礼毕，还，不过三十日。三十日不还，则请立太子为王，以绝秦望。"王许之，遂与秦王会渑池。秦王饮酒酣（hān），曰："寡人窃闻赵王好音，请奏瑟。"赵王鼓瑟。秦御史前书曰："某年月日，秦王与赵王会饮，令赵王鼓瑟。"蔺相如前曰："赵王窃闻秦王善为秦声，请奏盆缶[②]秦王，以相娱乐。"秦王怒，不许。于是相如前进缶，因跪请秦王。秦王不肯击缶。相如曰："五步之内，相如请得以颈血溅大王矣！"左右欲刃相如，相如张目叱之，左右皆靡[③]。于是秦王不怿，为一击缶。相如顾召赵御史书曰："某年月日，秦王为赵王击缶。"秦之群臣曰："请以赵十五城为秦王寿。"蔺相如亦曰："请以秦之咸阳为赵王寿。"秦王竟酒，终不能加胜于赵。赵亦盛设兵以待秦，秦不敢动。

【注释】

①道里：路上的行程。

②盆缶（fǒu）：瓦器。

③靡：倒退，溃退。

【译文】

秦王派使者通告赵王，想在西河外的渑池与赵王进行一次友好会见。赵王害怕秦国，不想去。廉颇、蔺相如商议道：“大王如果不去，就显得赵国既软弱又胆小。”赵王于是前往赴会，蔺相如随行。廉颇送到边境，和赵王告别说：“大王此行，估计路程和会见礼仪结束后返回的时间，不会超过三十天。如果三十天还没回来，就请您允许我们立太子为王，以断绝秦国的妄想。”赵王同意了这个意见，便去渑池与秦王会面。秦王酒兴正浓时，说：“寡人私下里听说赵王爱好音乐，请您弹瑟吧！”赵王就弹起瑟来。秦国的史官上前来写道：“某年某月某日，秦王与赵王一起饮酒，令赵王弹瑟。”蔺相如上前说：“赵王私下里听说秦王擅长秦乐，请让我给秦王捧上盆缶，以供大家娱乐。”秦王发怒，不答应。这时蔺相如向前递上缶，并跪下请秦王演奏。秦王不肯击缶，蔺相如说：“在这五步之内，我蔺相如要把脖颈的血溅在大王身上了！”秦王左右侍从想要杀蔺相如，蔺相如圆睁双眼，大喝一声，侍从吓得倒退。当时秦王不大高兴，只好敲了一下缶。蔺相如回头招呼赵国史官写道：“某年某月某日，秦王为赵王敲缶。”秦国的大臣说：“请你们用赵国的十五座城向秦王献礼。”蔺相如也说：“请你们用秦国的咸阳向赵王献礼。”直到酒宴结束，秦王始终未能占上风。赵国在边境重兵设防秦国，因而秦国也不敢有什么举动。

【原文】

既罢归国，以相如功大，拜为上卿，位在廉颇之右。廉颇曰：“我

为赵将，有攻城野战之大功，而蔺相如徒以口舌为劳，而位居我上，且相如素贱人，吾羞，不忍为之下。”宣言[①]曰：“我见相如，必辱之。”相如闻，不肯与会。相如每朝时，常称病，不欲与廉颇争列。已而相如出，望见廉颇，相如引车[②]避匿。于是舍人相与谏曰：“臣所以去亲戚而事君者，徒慕[③]君之高义也。今君与廉颇同列，廉君宣恶言而君畏[④]匿之，恐惧殊甚，且庸人尚羞之，况于将相乎！臣等不肖[⑤]，请辞去。”蔺相如固止之，曰：“公之视廉将军孰与秦王？”曰：“不若也。”相如曰：“夫以秦王之威，而相如廷叱之，辱其群臣，相如虽驽，独畏廉将军哉？顾吾念之，强秦之所以不敢加兵于赵者，徒以吾两人在也。今两虎共斗，其势不俱生。吾所以为此者，以先国家之急而后私仇也。”廉颇闻之，肉袒负荆[⑥]，因宾客至蔺相如门谢罪。曰：“鄙贱之人，不知将军宽之至此也。”卒相与欢，为刎颈之交[⑦]。

【注释】

①宣言：扬言。

②引车：把车掉转方向。

③慕：仰慕。

④畏：畏惧。

⑤不肖：不贤，没出息。

⑥负荆：身背荆条，表示愿受责罚。

⑦刎颈之交：同生死、共患难的好朋友。

【译文】

渑池会结束回到赵国以后，由于蔺相如功劳大，他被封为上卿，位在廉颇之上。廉颇说："我是赵国将军，有攻城野战的大功，而蔺相如只不过靠能说会道立了点功，地位却在我之上，况且蔺相如本来是卑贱之人，我感到羞耻，在他之下我难以忍受。"并且扬言说："我遇见蔺相如，一定要羞辱他。"蔺相如听到后，不肯和他见面。蔺相如每到上朝时，总是推说有病，不愿和廉颇去争位次的先后。没过多久，蔺相如外出，远远看到廉颇，就掉转车子回避。于是蔺相如的门客就一起来进谏，说："我们之所以离开亲人来侍奉您，就是仰慕您高尚的节义呀。如今您与廉颇官位相同，他口出恶言，而您却害怕他躲避他，看上去十分恐惧，就是平庸的人尚且感到羞耻，更何况是身为将相的人呢！我们这些人没出息，让我们请辞吧！"蔺相如真情挽留他们，说："诸位认为廉将军和秦王相比谁厉害？"回答说："廉将军比不了秦王。"蔺相如说："以秦王的威势，而我却敢在朝廷上呵斥他，羞辱他的群臣，我蔺相如虽然愚钝，难道会怕廉将军吗？但是我想到，强秦之所以不敢对赵国用兵，就是因为赵国有我们两人在呀。如今若两虎相斗，势必不能共存。我之所以这样忍让，是因为把国家的危急摆在前面，把个人的私怨放在后面。"廉颇听说了这些话，就脱去上衣，露出上身，背着荆条，由宾客带着来到蔺相如的门前请罪。他说："我是个粗野卑贱的人，想不到将军您是如此的宽厚啊！"二人最终相互交好，成为生死与共的好友。

名师点评

为了保全国家利益，维护国家荣誉，蔺相如置个人生死于度外，当面与秦王及秦国大臣对抗，可谓有胆有识，有勇有谋。不仅如此，他还顾全大局，不计私仇，更是体现了他长远的眼光和宽广的胸襟。此外，廉颇向蔺相如负荆请罪，二人共同谱写了将相和的佳话，并为我们树立了精诚团结、合作共赢的典范。

延伸/阅读

战国四大名将

赵国的廉颇、李牧，秦国的白起、王翦是战国时期的四大名将。廉颇的故事广为人知，有负荆请罪、尚能饭否等，“廉颇老矣，尚能饭否”一句经常被文人引用，用来表达“身老志不老”的抱负。

李牧的军事才能主要体现在他抗击匈奴的战争中。常年与匈奴作战也是赵国军队保持优秀的战斗素质以及多名将的重要原因之一。在秦灭赵的战争中，昏聩的赵王再次中了秦国的反间计，冤杀了李牧，导致赵国失去了唯一的国柱，被秦所灭。

白起是四将中最著名的将领，他为秦统一六国奠定了坚实的基础，他参与指挥的最著名的战争即长平之战。白起的作战思想是以消灭敌人有生力量为目的的“歼灭战”，其坑杀赵四十万降卒就是这种思想的突出体现。因此，白起在战争中取得的胜利使得六国失去了恢复战斗力的可能，为秦统一六国打下了基础。但军功卓著的白起在与秦相范雎的政治斗争中失败了，被秦王赐死。

王翦是秦统一六国的功臣，最著名的战役是灭楚之战，被史书称为“战必胜，攻必取”的杰出将才。同时，王翦的政治头脑也是很清醒的。值得一提的是，除韩国之外，其余五国均为王翦父子所灭。

学海/拾贝

☆ 欲予秦，秦城恐不可得，徒见欺；欲勿予，即患秦兵之来。

☆ 秦以城求璧而赵不许，曲在赵。赵予璧而秦不予赵城，曲在秦。均之二策，宁许以负秦曲。

☆ 卒廷见相如，毕礼而归之。

☆ 臣所以去亲戚而事君者，徒慕君之高义也。

☆ 强秦之所以不敢加兵于赵者，徒以吾两人在也。

☆ 吾所以为此者，以先国家之急而后私仇也。

☆ 鄙贱之人，不知将军宽之至此也。

淮阴侯列传

名师导读

《淮阴侯列传》记载了汉初杰出军事家韩信的事迹。本篇节选了漂母饭信、胯下受辱、萧何追韩信、登坛拜将等内容，展现了他超凡的军事才能和累累战功。

【原文】

淮阴侯韩信者，淮阴人也。始为布衣时，贫无行，不得推择为吏，又不能治生商贾，常从人寄食饮，人多厌之者。常数从其下乡南昌亭长寄食，数月，亭长妻患之，乃晨炊蓐食①。食时信往，不为具食。信亦知其意，怒，竟绝去。

信钓于城下，诸母漂，有一母见信饥，饭信，竟漂数十日。信喜，谓漂母曰："吾必有以重报母。"母怒曰："大丈夫不能自食，吾哀王孙②而进食，岂望报乎！"

淮阴屠中少年有侮信者，曰：“若虽长大，好带刀剑，中情[3]怯耳。”众辱之曰：“信能死，刺我；不能死，出我袴下。”于是信孰视之，俯出袴下，蒲伏。一市人皆笑信，以为怯。

扫码看视频

及项梁渡淮，信杖剑从之，居麾下，无所知名。项梁败，又属项羽，羽以为郎中。数以策干[4]项羽，羽不用。汉王之入蜀，信亡楚归汉，未得知名，为连敖。坐法当斩，其辈十三人皆已斩，次至信，信乃仰视，适见滕公，曰：“上不欲就天下乎？何为斩壮士！”滕公奇其言，壮其貌，释而不斩。与语，大说[5]之。言于上，上拜以为治粟都尉，上未之奇也。

【注释】

①晨炊蓐（rù）食：提前做好早饭，端到室内在床上吃掉。蓐，草席。

②王孙：公子，少年。对年轻人的敬称。

③中情：内心。

④干：求见，进言。

⑤说：同“悦”，喜欢，欣赏。

【译文】

淮阴侯韩信，是淮阴人。当初为平民百姓时，贫穷又放纵不拘礼节，不能够被推选去做官，又不能做买卖维持生活，经常寄居在别人家吃闲饭，人们大多厌烦他。他曾经多次前往下乡南昌亭亭长处吃闲饭，接连数月，亭长的妻子嫌恶他，就提前做好早饭，端到内室在床上吃掉。等到正常的开饭时间，韩信去了，亭长妻子不再给他准备饭食。韩信明白了他们的用意，一怒之下，从此绝交不再去亭长家。

韩信在城下钓鱼，遇上几位老大娘漂洗棉絮，其中一位大娘看见韩信饿了，就拿出饭给他吃，几十天都如此，直到漂洗完毕。韩信很高兴，对那位大娘说："我以后一定重重地报答您老人家。"大娘生气地说："大丈夫不能养活自己，我是可怜你才给你饭吃，难道是希望你报答吗？"

淮阴屠户中有个年轻人侮辱韩信说："你虽然长得高大，喜欢带刀佩剑，但其实是个胆小鬼罢了。"又当众侮辱他说："你要不怕死，就拿剑刺我；如果怕死，就从我胯下爬过去。"于是韩信仔细地打量了他一番，最终低下身去，趴到地上，从他的胯下爬了过去。满街的人都笑话韩信，认为他胆小。

等到项梁率军渡过了淮河，韩信持剑追随他，但在项梁部下，没有一点名声。项梁战败，又隶属项羽，项羽让他做了郎中。他屡次向项羽献策，以求重用，但项羽不采纳他的计策。汉王刘邦入蜀，韩信脱离楚军归顺了汉王。因为没有什么名声，只做了管理粮仓的连敖。后来犯法判处斩刑，和他一起犯案的十三人都被斩杀了，正轮到韩信，他抬头仰视，刚好看见滕公夏侯婴，就说："汉王不想成就统一天下的功业吗？为什么要斩壮士！"滕公感到韩信的话不同凡响，又见他相貌堂堂，就放了他。滕公和韩信交谈，很欣赏他，于是把这事报告汉王，汉王任命韩信为治粟都尉管理粮饷。但汉王并没有发现他有什么出奇超众的才能。

【原文】

扫码看视频

信数与萧何语，何奇之[①]。至南郑，诸将行道亡者数十人，信度[②]何等已数言上，上不我用[③]，即亡。何闻信亡，不及以闻，自追之。人有言上曰："丞相何亡。"上大怒，如失左右手。居一二日，何来谒[④]上，上且怒且喜，骂何曰："若亡，何也？"何曰："臣不敢亡也，臣追亡者。"上曰："若所追者谁何？"曰："韩信也。"上复骂曰："诸将亡者以十数，公无

所追；追信，诈[5]也。”何曰：“诸将易得耳。至如信者，国士[6]无双。王必欲长王汉中，无所事信[7]；必欲争天下，非信无所与计事者。顾王策安所决耳。”王曰：“吾亦欲东耳，安能郁郁久居此乎？”何曰：“王计必欲东，能用信，信即留；不能用，信终亡耳。”王曰：“吾为公以为将。”何曰：“虽为将，信必不留。”王曰：“以为大将。”何曰：“幸甚。”于是王欲召信拜之。何曰：“王素慢无礼，今拜大将如呼小儿耳，此乃信所以去也。王必欲拜[8]之，择良日，斋戒，设坛场，具礼，乃可耳。”王许之。诸将皆喜，人人各自以为得大将。至拜大将，乃韩信也，一军皆惊。

【注释】

①奇之：对他的才能感到惊奇。

②度：猜测。

③不我用：不重用我。此指韩信不被汉王重用。

④谒：进见，拜见。

⑤诈：谎话。

⑥国士：一国之中杰出的人物。

⑦无所事信：没有必要任用韩信。

⑧拜：任命。古时王者任命将相要举行典礼，王者在此仪式上要对被任命者表示一定的礼数，因而称这种任命为“封拜”，也单称“拜”。

【译文】

韩信多次跟萧何谈话，萧何对他的才能感到惊奇。汉军到达南郑，各路将领在半路上逃跑的有几十人。韩信揣测萧何等人已多次向汉王推荐自己，汉王却不任用，于是跟着逃走了。萧何听说韩信逃跑了，来不及报告汉王，亲自去追赶他。有人报告汉王说："丞相萧何逃跑了。"汉王大怒，如同失去了左右手。过了一两天，萧何来拜见汉王，汉王又是恼怒又是高兴，骂萧何道："你为什么逃跑？"萧何说："我不敢逃跑，我去追赶逃跑的人。"汉王说："你追赶的人是谁呢？"回答说："韩信。"汉王又骂道："各路将领逃跑了几十人，你没去追一个，却去追韩信，撒谎骗人。"萧何说："那些将领容易得到。至于像韩信这样的人物，国内找不出第二个。大王如果安心一辈子在汉中称王，自然用不着韩信；如果想争夺天下，除了韩信就再没有可以和您商议大事的人了。但看大王怎么决策。"汉王说："我是要向东发展啊，怎么能够内心苦闷地长期待在这里呢？"萧何说："大王决意向东发展，若能够重用韩信，韩信就会留下来；不能重用，韩信终究要逃跑的。"汉王说："我为你的缘故让他做个将军。"萧何说："即使是做将军，韩信也一定不肯留下。"汉王说："任命他做大将军。"萧何说："太好了。"于是汉王就要把韩信召来任命他。萧何说："大王向来对人轻慢，不讲礼节，如今任命大将军就像招呼小孩儿一样，这就是韩信要离去的原因啊。大王若决心任命他，要选择良辰吉日，沐浴斋戒，在广场设置高坛，礼仪要完备，这样才可以呀。"汉王答应了萧何的要求。众将听到要拜大将都很高兴，人人都以为自己要做大将军了。等到任命大将时，被任命的竟然是韩信，全军都感到惊讶。

【原文】

信拜礼毕，上坐。王曰："丞相数言将军，将军何以教寡人计策？"信谢①，因问王曰："今东向②争权天下，岂非项王邪？"汉王曰："然。"曰："大王自料勇悍仁强孰与项王？"汉王默然良久，曰："不如也。"信再拜贺曰："惟信亦为大王不如也。然臣尝事之，

请言项王之为人也。项王喑（yīn）噁（è）叱（chì）咤（zhà），千人皆废[3]，然不能任属贤将，此特匹夫之勇耳。项王见人恭敬慈爱，言语呕呕[4]，人有疾病，涕泣分食饮，至使人有功当封爵者，印刓敝[5]，忍不能予，此所谓妇人之仁也。项王虽霸天下而臣诸侯，不居关中而都彭城。有背义帝之约，而以亲爱王，诸侯不平。诸侯之见项王迁逐义帝置江南，亦皆归逐其主而自王善地。项王所过无不残灭者，天下多怨，百姓不亲附，特劫于威强耳。名虽为霸，实失天下心。故曰其强易弱。今大王诚能反其道，任天下武勇，何所不诛！以天下城邑封功臣，何所不服！以义兵从思东归之士，何所不散！且三秦王为秦将，将秦子弟数岁矣，所杀亡不可胜计，又欺其众降诸侯。至新安，项王诈坑秦降卒二十余万，唯独邯、欣、翳（yì）得脱，秦父兄怨此三人，痛入骨髓。今楚强以威王此三人，秦民莫爱也。大王之入武关，秋豪无所害，除秦苛法，与秦民约，法三章耳，秦民无不欲得大王王秦者。于诸侯之约，大王当王关中，关中民咸知之。大王失职入汉中，秦民无不恨者。今大王举而东，三秦可传檄而定也。”于是汉王大喜，自以为得信晚。遂听信计，部署诸将所击。

【注释】

①谢：谦让。

②向：面向，面对着。

③废：偃伏不敢动。

④呕呕：温和的样子。

⑤刓（wán）敝：在手里玩弄，磨损。

【译文】

任命韩信的仪式结束后，汉王请韩信就上座。汉王说：“丞相多次称道将军，将军打算用什么计策教导寡人呢？”韩信谦让了一番，趁势问汉王：“如今向东与大王争夺天下的，难道不是项王吗？”汉王说：“是。”韩信说：“大王自己估计在勇敢、强悍、仁厚、兵力等方面与项王相比，谁强？”汉王沉默了好长时间，说：“我不如项王。”韩信连行两遍礼由衷地称许说：“我也认为大王比不上他呀。然而，我曾经侍奉过项王，请让我说说项王的为人吧。项王震怒咆哮时，吓得千百人不敢稍动，（勇猛至此）但不能放手任用有才能的将领，这只不过是匹夫之勇罢了。项王待人恭敬慈爱，言语温和，有生病的人，心疼得流泪，将自己的饮食分给他，等到有人立下战功，该加封晋爵时，却把刻好的大印放在手里玩磨得失去了棱角，舍不得给人，这就是所说的妇人的仁慈啊。项王虽然称霸天下，使诸侯臣服，但他放弃了关中的有利地形，而建都彭城。又违背了义帝的约定，将自己的亲信分封为王，诸侯们愤愤不平。诸侯们看到项王把义帝赶到江南僻远的地方，也都回去驱逐自己的国君，占据好的地方自立为王。项王军队所经过的地方，没有不横遭摧残而毁灭的，天下人大都怨恨他，百姓不愿归附，只不过迫于淫威勉强服从罢了。虽然他名义上是霸主，实际上却失去了天下的民心。所以说他的优势很容易转化为劣势。如今大王果真能够与他反其道而行，任用天下英勇善战的人才，有什么不可以诛灭的呢？用天下的城邑分封给有功之臣，有什么人不心服口服呢？以正义之师，顺从将士打回老家的心愿，有什么样的敌人不能击溃呢？况且项羽分封的三个王，原来都是秦朝的将领，他们率领秦地的子弟打了好几年仗，被杀死和逃跑的多到没法计算，又欺骗他们的部下向诸侯投降。到达新安时，项王却狡诈地活埋了已投降的秦军二十多万人，唯独章邯、司马欣和董翳得以活下来，秦地的父老兄弟对这三个人恨入骨髓。如今项羽凭恃着威势，强行封立这三个人为王，秦地的百姓没有谁爱戴他们。而大王进入武关，秋毫无犯，废除了秦朝的苛酷法令，与秦地百姓约法三章，秦地百姓没有不想要大王在秦地做王的。根据诸侯们事先的约定，大王理当在关中做王，关中的百姓都知道这件事。大王失掉了应得的爵位进入汉中，秦地百姓没有不怨恨的。如今大王发动军队向东挺进，只要一道文书三秦之地就可以平定了。”于是汉王大喜，自认为得到韩信太晚了。他就听从韩信的计谋，部署各路将领攻击的目标。

【原文】

八月，汉王举兵东出陈仓①，定三秦②。汉二年，出关③，收魏④、河南⑤，韩、殷王皆降。合齐、赵共击楚。四月，至彭城，汉兵败散而还。信复收兵与汉王会荥阳，复击破楚京⑥、索⑦之间，以故楚兵卒不能西。

【注释】

①陈仓：秦县名，位于今陕西宝鸡东。

②定三秦：指刘邦用韩信的计谋，暗度陈仓，打败了三个秦王。

③关：指函谷关。

④魏：魏豹领有的魏地（今山西西南部）。

⑤河南：申阳领有的河南地（今河南洛阳一带）。

⑥京：京县，位于今河南荥阳东南。

⑦索：索亭，即今河南荥阳。

【译文】

八月，汉王出兵经过陈仓向东挺进，打败了三个秦王。汉高祖二年，出兵函谷关，收取了魏地、河南，韩王、殷王也相继投降。汉王又联合齐王、赵王共同攻击楚军。四月，到彭城，汉军兵败，溃散而回。韩信又收集溃散的人马与汉王在荥阳会合，在京县、索亭之间又摧垮了楚军。因此楚军始终不能西进。

名师点评

淮阴侯韩信早年间曾辗转于市井，不仅没有衣食来源，还遭受了胯下之辱，但是韩信没有自甘堕落，而是努力寻找出路。青年韩信表现得能怒、能忍、能知恩报德，这些气质影响着他的一生。后来，韩信因受到萧何的赏识而被刘邦重用，展现了卓越的军事才能以及高瞻远瞩的政治智慧。作为一代名将，他在困境中挣扎，在草莽中崛起，在战争中奋进，其强大的意志力，值得我们学习和敬仰。韩信深谙兵法、战功卓著，萧何称他“国士无双”，刘邦称他“战必胜，攻必取”。作为统帅，韩信破魏、破代、破赵、收燕、平齐、灭楚，名闻海内，威震天下；作为军事理论家，韩信联合张良整理兵书、序次兵法，并著有《韩信兵法》三篇。但是韩信功高震主，刘邦对他的猜忌也与日俱增。他的精锐部队，经常被刘邦抽调。韩信还不识时务，竟然在楚汉相争难分难解之时，逞兵胁迫刘邦封自己为齐王，种下了灭族的祸患。项羽死后，韩信的兵权被解除，他被封为楚王，后来又被贬为淮阴侯。最终在吕后和萧何合谋下，遇害于长乐宫钟室，夷灭三族。这样一个智勇之士惨遭不幸结局，令人唏嘘感慨！

延伸/阅读

狡兔死，良狗烹；飞鸟尽，良弓藏

也叫兔死狗烹、鸟尽弓藏。指狡猾的兔子死了，猎狗就没用了；鸟没有了，弓也就藏起来不用了。比喻事情成功之后，把曾经出过力的人一脚踢开。最早出自《史记·越王勾践世家》。范蠡即行逃走，临逃走时写了一封信给越王国的宰相文种，信上说：“蜚（飞）鸟尽，良弓藏；狡兔死，走狗烹。”韩信在临刑之前也发出了“狡兔死，走狗烹；飞鸟尽，良弓藏；敌国破，谋臣亡”的浩叹。明末清初李渔的《笠翁对韵》有“灭项兴刘，狡兔尽时走狗烹”这一句。

学海/拾贝

☆ 始为布衣时，贫无行，不得推择为吏，又不能治生商贾，常从人寄食饮，人多厌之者。

☆ 信钓于城下，诸母漂，有一母见信饥，饭信，竟漂数十日。

☆ 大丈夫不能自食，吾哀王孙而进食，岂望报乎！

☆ 王必欲长王汉中，无所事信；必欲争天下，非信无所与计事者。

☆ 今大王诚能反其道，任天下武勇，何所不诛！以天下城邑封功臣，何所不服！以义兵从思东归之士，何所不散！

扁鹊仓公列传

名师导读

《扁鹊仓公列传》是一篇记述古代名医扁鹊和淳于意救死扶伤的合传，展现了中国两千多年前高超的医学水平。本篇节选了名医扁鹊的部分，讲述了起死回生、讳疾忌医两个脍炙人口的故事，塑造了一个既带有传奇色彩又深深植根于生活实际的医者形象。

【原文】

扁鹊者，勃海郡郑人也，姓秦氏，名越人。……扁鹊过虢（guó）。虢太子死，扁鹊至虢宫门下，问中庶子喜方者曰："太子何病，国中治穰过于众事？"中庶子曰："太子病血气不时，交错而不得泄，暴发于外，则为中害。精神不能止邪气，邪气畜[①]积而不得泄，是以阳缓而阴急，故暴蹶而死。"扁鹊曰："其死何如时？"曰："鸡鸣至今。"曰："收乎？"曰："未也，其死未能半日也。""言臣齐勃海秦越人也，家在于郑，未尝得望精光侍谒于前也。闻太子不幸而死，臣能生之。"中庶子曰："先生得无[②]诞

之乎？何以言太子可生也！臣闻上古之时，医有俞跗，治病不以汤液醴洒，镵石[③]挢引[④]，案扤毒熨，一拨见病之应，因[⑤]五藏之输[⑥]，乃割皮解肌，诀脉结筋，搦髓脑[⑦]，揲荒[⑧]爪幕[⑨]，湔浣[⑩]肠胃，漱涤五藏，练精易形。先生之方能若是，则太子可生也；不能若是而欲生之，曾不可以告咳婴之儿。”终日，扁鹊仰天叹曰：“夫子之为方也，若以管窥天，以郄视文。越人之为方也，不待切脉望色听声写形，言病之所在。闻病之阳，论得其阴；闻病之阴，论得其阳。病应见于大表[⑪]，不出千里，决者至众，不可曲止也。子以吾言为不诚，试入诊太子，当闻其耳鸣而鼻张，循其两股以至于阴，当尚温也。”

【注释】

①畜：通“蓄”，积聚，储藏。

②得无：莫不是，该不是。

③镵（chán）石：古时候治病用的石针。

④挢（jiǎo）引：导引，古时候一种疗法。挢，举起，翘起。

⑤因：顺着。

⑥输：通“腧”，穴位。

⑦搦（nuò）髓脑：按治髓脑。搦，按下。

⑧揲（shé）荒：触动膏肓。揲，持，触动。荒，通“肓”，即膏肓。

⑨爪幕：用手疏理横膈膜。爪，通“抓”，用手指疏理。幕，通“膜”，指横膈膜。

⑩湔浣：洗涤。

⑪大表：身体的外表。

【译文】

扁鹊，是勃海郡郑地人，姓秦，名越人。……扁鹊路经虢国。正碰上虢太子死去，扁鹊来到虢国王宫门前，问一位喜好医术的中庶子说：“太子有什么病，为什么全国举行祛邪去病的祭祀超过了其他许多事？”中庶子说：“太子的病是血气运行没有规律，阴阳交错而不能疏泄，突然发作在体表，就造成内脏受伤害。人体的正气不能制止邪气，邪气蓄积而不能疏泄，因此阳脉弛缓阴脉急迫，所以突然昏倒而死。”扁鹊问：“他死多久了？”中庶子回答：“从鸡鸣到现在。”扁鹊又问：“收殓了吗？”回答说：“还没有，他死还不到半天呢。”“请禀告虢君说，我是勃海郡的秦越人，家在郑地，未能仰望君王的神采而拜见侍奉在他的面前。听说太子不幸死了，我能使他复活。”中庶子说：“先生该不是胡说吧？怎么说太子可以复活呢！我听说上古的时候，有个叫俞跗的医生，治病不用汤剂、药酒，使用镵针、砭石、导引、按摩、药熨等办法，一解开衣服诊视就知道疾病的所在，顺着五脏的腧穴，然后割开皮肤剖开肌肉，疏通经脉，结扎筋腱，按治脑髓，触动膏肓，疏理横膈膜，清洗肠胃，洗涤五脏，修炼精气，改变神情气色。先生的医术若能如此，那么太子就能再生了；不能做到如此，却想要使他再生，简直不能用这样的话去欺骗孩子。”过了好久，扁鹊仰望天空叹息说：“你说的那些治疗方法就像从竹管中看天，从缝隙中看花纹一样。我用的治疗方法，不需给病人切脉、察看脸色、听声音、观察体态神情，就能说出病因在什么地方。知道疾病外在的表现就能推知内在的原因；知道疾病内在的原因就能推知外在的表现。人体内有病会从体表反映出来，据此就可诊断千里之外的病人，我决断的方法很多，不只是停留在一个角度看问题。你如果认为我说的不真实可靠，可试着进去诊视太子，应会听到他耳有鸣响、看到他鼻翼微微张合，顺着两腿摸到阴部，那里应该还是温热的。”

【原文】

中庶子闻扁鹊言，目眩然[①]而不瞚[②]，舌挢然而不下，乃以扁鹊言入报虢君。虢君闻之大惊，出见扁鹊于中阙，曰："窃闻高义之日久矣，然未尝得拜谒于前也。先生过小国，幸而举之，偏国寡臣幸甚。有先生则活，无先生则弃捐填沟壑，长终而不得反。"言未卒，因嘘唏[③]服臆[④]，魂精泄横，流涕长潸，忽忽承𥇖，悲不能自止，容貌变更。扁鹊曰："若太子病，所谓'尸蹶'者也。夫以阳入阴中，动胃繵缘[⑤]，中经维络，别下于三焦、膀胱，是以阳脉下遂，阴脉上争，会气闭而不通，阴上而阳内行，下内鼓而不起，上外绝而不为使，上有绝阳之络，下有破阴之纽，破阴绝阳，色废脉乱，故形静如死状。太子未死也。夫以阳入阴支兰藏者生，以阴入阳支兰藏者死。凡此数事，皆五藏蹷中之时暴作也。良工取之，拙者疑殆。"

扁鹊乃使弟子子阳厉针砥石[⑥]，以取外三阳五会。有间[⑦]，太子苏。乃使子豹为五分之熨，以八减之齐和煮之，以更熨两胁下。太子起坐。更适阴阳，但服汤二旬而复故。故天下尽以扁鹊为能生死人。扁鹊曰："越人非能生死人[⑧]也，此自当生者，越人能使之起耳。"

【注释】

①眩然：眼睛昏花的样子。

②瞚（shùn）：眨眼。

③嘘唏：哭泣时的抽咽、哽咽之声。

④服（bì）臆：因悲伤而气满郁结。服，通"愊"，满的意思。

⑤繵缘：缠绕。繵，同"缠"。缘，绕。

⑥厉针砥石：磨砺针石。厉，通“砺”，磨砺。砥，砥砺。

⑦有间：一会儿。

⑧生死人：使已死之人再生。

【译文】

中庶子听完扁鹊的话，目瞪口呆，很长时间说不出话来，后来才进去把扁鹊的话告诉虢君。虢君听后十分惊讶，走出内廷在宫廷的中门接见扁鹊，说：“我听说您有高尚的品德已很长时间了，然而却没有机会拜见您。这次先生路经我们小国，若您能救活太子，我这个偏远国家的君王真是太幸运了。有先生在就能救活我的儿子，没有先生在他就会抛尸野外而填塞沟壑，永远死去而不能复活。”话没说完，他就悲伤抽噎，气郁胸中，精神恍惚，眼泪长流不止，泪珠滚落沾在睫毛上，悲哀得不能自已，容貌神情都发生了变化。扁鹊说：“您的太子得的病，就是人们所说的‘尸蹶’。那是因为阳气陷入阴脉，脉气缠绕冲撞了胃，经脉受损伤脉络被阻塞，分别下注于下焦、膀胱，因此阳脉下坠，阴气上升，阴阳两气会聚，互相团塞，不能通畅。阴气又逆而上行，阳气只好向内运行，下面阳气在内鼓动不能上升，上面阴气在外被阻不能下泄，在上有隔绝了阳气的脉络，在下有破坏了阴气的筋纽，这样阴气破坏、阳气隔绝，使人的面色衰败、脉象紊乱，故而身体安静得像死去的样子。其实太子并没有真的死去。因为阳入袭阴而阻绝脏气的能治愈，阴入袭阳而阻绝脏气的必死。这些情况，都会在五脏厥逆时突然发作。精良的医生能治愈这种病，拙劣的医生会因困惑使病人更加危险。”

扁鹊就叫他的学生子阳磨砺针石，取外三阳五会下针。过了一会儿，太子苏醒了。又让学生子豹准备能入体五分的药熨，再加上八减方的药剂混合煎煮，交替在两胁下熨敷。太子能够坐起来了。进一步调和阴阳，仅仅吃了二十天汤剂身体就恢复得和从前一样。因此天下的人都认为扁鹊能使死人复活。扁鹊却说："我不是能使死人复活啊，这是他本该活下去，我能做的只是促使他恢复健康罢了。"

【原文】

扁鹊过齐，齐桓侯客之。入朝见，曰："君有疾在腠理[①]，不治将深。"桓侯曰："寡人无疾。"扁鹊出，桓侯谓左右曰："医之好利也，欲以不疾者为功。"后五日，扁鹊复见，曰："君有疾在血脉，不治恐深。"桓侯曰："寡人无疾。"扁鹊出，桓侯不悦。后五日，扁鹊复见，曰："君有疾在肠胃间，不治将深。"桓侯不应[②]。扁鹊出，桓侯不悦。后五日，扁鹊复见，望见桓侯而退走。桓侯使人问其故。扁鹊曰："疾之居腠理也，汤熨之所及也；在血脉，针石之所及也；其在肠胃，酒醪[③]之所及也；其在骨髓，虽司命无奈之何。今在骨髓，臣是以无请也。"后五日，桓侯体病，使人召扁鹊，扁鹊已逃去。桓侯遂死。

扫码看视频

【注释】

①腠（còu）理：皮肤等的纹理和皮下肌肉的空隙。这里指皮肤和肌肉之间。

②不应：不理睬。

③醪（láo）：浊酒。此指药酒。

【译文】

扁鹊经过齐国，齐桓侯把他当客人招待。他到朝廷拜见桓侯，说："您有小病在皮肤和肌肉之间，不治将会深入体内。"桓侯说："我没有病。"扁鹊走出宫门后，桓侯对身边的人说："医生喜爱功利，想把没病的人说成是自己治疗的功绩。”五天以后，扁鹊去见桓侯，说：“您的病已在血脉，不治恐怕会深入体内。”桓侯说：“我没有病。”扁鹊出去后，桓侯很不高兴。又过了五天，扁鹊再次去见桓侯，说：“您的病已在肠胃间，不治将更深地侵入体内。”桓侯不肯答话。扁鹊出去后，桓侯很不高兴。又过了五天，扁鹊再次去，看见桓侯就向后退跑走了。桓侯派人问他缘故。扁鹊说：“疾病在皮肉之间，汤剂、药熨的效力就能达到治病的目的；疾病在血脉中，靠针刺和砭石的效力就能达到治病的目的；疾病在肠胃中，药酒的效力就能达到治病的目的；疾病进入骨髓，就是掌管生命的神也无可奈何。现在疾病已进入骨髓，我因此不再要求为他治病。”五天以后，桓侯身患重病，派人召请扁鹊，扁鹊却已逃离齐国。桓侯就这样病死了。

【原文】

使圣人预知微[①]，能使良医得蚤从事，则疾可已，身可活也。人之所病，病疾多；而医之所病，病[②]道[③]少。故病有六不治：骄恣不论于理，一不治也；轻身重财，二不治也；衣食不能适，三不治也；阴阳并，藏气不定，四不治也；形羸不能服药，五不治也；信巫不信医，六不治也。有此一者，则重难治也。

扁鹊名闻天下。过邯郸，闻贵妇人，即为带下医；过雒阳，闻周人爱老人，即为耳目痹[④]医；来入咸阳，闻秦人爱小儿，即为小儿医：随俗为变。秦太医令李醯自知伎不如扁鹊也，使人刺杀之。至今天下言脉者，由扁鹊也。

【注释】

①微：这里指症状不明显的疾病。

②病：忧虑。

③道：此处指治病的方法。

④痹：风、寒、湿等侵犯肌体引起关节肌肉疼痛、麻木的病症。

【译文】

假使桓侯能预先知道没有显露的病症，能够使好的医生及早诊治，那么疾病就能治好，性命就能保住。人们担忧的是疾病太多，医生忧虑的是治病的方法太少。所以有六种患病的情形不能医治：为人傲慢放纵不讲道理，是一不治；轻视身体看重钱财，是二不治；衣着饮食不能调节适当，是三不治；阴阳错乱，五脏功能不正常，是四不治；形体非常羸弱，却不服药，是五不治；迷信巫术不相信医术，是六不治。有其中一种情形的人，那就很难医治了。

扁鹊名声传扬天下。他到邯郸时，闻知当地人尊重妇女，就做治妇女病的医生；到洛阳时，闻知周人敬爱老人，就做专治耳聋眼花、四肢痹痛的医生；到了咸阳，闻知秦人喜爱孩子，就做治小孩疾病的医生；他随着各地的习俗来变化自己的医治范围。秦国的太医令李醯自知医术不如扁鹊，派人刺杀了他。到现在，天下谈论诊脉学问的人，都遵从扁鹊的理论和实践。

名师点评

扁鹊医术高超，医德高尚，同时他还谦虚谨慎，不居功自傲。例如虢君十分感激他治好了虢太子的病，大家也都称赞他有起死回生之术，他却实事求是地说："越人非能生死人也，此自当生者，越人能使之起耳。"做事先做人，我们也应该学习扁鹊的这种品德，谦虚谨慎，真诚待人，这样才能赢得更多的尊重。

延伸/阅读

四诊法

四诊法，即望、闻、问、切四种诊断方法，是由中国古代战国时期的名医扁鹊根据前人在医疗经验基础上总结出来的。所谓望诊，就是观察病人的神、色、形、态等来推断疾病的方法。所谓闻诊，是指通过听觉和嗅觉来收集病人说话的声音和呼吸、咳嗽散发出来的气味等，作为判断病症的参考。所谓“问诊”，就是询问病人疾病发生和演变过程的情形，作为诊断依据的方法。所谓切诊，就是脉诊和触诊。四诊法自创立以来，得到不断发展和完善，至今依然在中医领域普遍使用。

学海/拾贝

☆ 精神不能止邪气，邪气畜积而不得泄，是以阳缓而阴急，故暴蹷而死。

☆ 病应见于大表，不出千里，决者至众，不可曲止也。

☆ 越人非能生死人也，此自当生者，越人能使之起耳。

☆ 疾之居腠理也，汤熨之所及也；在血脉，针石之所及也；其在肠胃，酒醪之所及也；其在骨髓，虽司命无奈之何。

☆ 故病有六不治：骄恣不论于理，一不治也；轻身重财，二不治也；衣食不能适，三不治也；阴阳并，藏气不定，四不治也；形羸不能服药，五不治也；信巫不信医，六不治也。

李将军列传

名师导读

《李将军列传》记载了汉朝名将李广的生平事迹。本篇通过描写"飞将军"李广的精于骑射、勇敢善战、体恤士卒、不贪钱财，以及有功不得封爵，最后被迫自刎的不幸遭遇，塑造了一个悲剧英雄的形象。

【原文】

扫码看视频

李将军广者，陇西成纪人也。其先曰李信，秦时为将，逐得燕太子丹者也。故槐里，徙成纪。广家世世受[①]射。孝文帝十四年，匈奴大[②]入萧关，而广以良家子从军击胡，用善骑射，杀首虏多，为汉中郎。广从弟[③]李蔡亦为郎，皆为武骑常侍，秩八百石。尝从行，有所冲陷[④]折关[⑤]及格猛兽，而文帝曰："惜乎，子不遇时！如令子当高帝时，万户侯[⑥]岂足道哉！"

【注释】

①受：学习。

②大：大举。

③从弟：堂弟。

④冲陷：冲锋陷阵。

⑤折关：抵御，拦阻。指抵挡敌人。

⑥万户侯：有万户封邑的侯爵。后来泛指高官贵爵。

【译文】

将军李广，陇西成纪人。他的先祖名李信，为秦朝将军，就是追获了燕太子丹的那位将军。李广家原籍槐里县，后来迁到成纪。李广家世世代代传习射箭之术。孝文帝十四年，匈奴人大举侵入萧关，李广以良家子弟的身份从戎抗胡，因为他善于骑马射箭，斩杀敌人首级很多，所以被任命为汉中郎。李广的堂弟李蔡，也被任命为中郎，兄弟二人都任武骑常侍，年俸八百石。李广曾跟随皇帝出行，常有冲锋陷阵、抵御敌人以及格杀猛兽的功绩，文帝说："可惜啊，你没遇到良机！倘若你赶上高祖的时代，封个万户侯那还在话下吗！"

【原文】

及孝景初立，广为陇西都尉，徙为骑郎将。吴楚军时，广为骁骑都尉，从太尉亚夫①击吴楚军，取旗，显功名昌邑下。以梁王授广将军印，还，赏不行。徙②为上谷太守，匈奴日以合战。典属国公孙昆邪为上泣曰："李广才气，天下无双，自负其能，数与虏敌战，恐亡之。"于是乃徙为上郡太守。后广转为边郡太守，徙上郡。尝为陇西、北地、雁门、代郡、云中太守，皆以力战为名。

【注释】

①亚夫：周亚夫。

②徙：调任。

【译文】

到景帝即位后，李广任陇西都尉，又改任骑郎将。吴、楚等七国叛乱时，李广任骁骑都尉，随从太尉周亚夫反击吴、楚叛军，夺得了敌人的战旗，在昌邑立功扬名。可是由于梁孝王私自把将军印授给李广，回朝后，朝廷没有对他进行封赏。调他任上谷太守，匈奴每天都来交战。典属国公孙昆邪哭着对皇上说："李广的本领，天下无双，他仗恃自己有本领，屡次和敌人正面作战，真怕损失了这员良将啊。"于是又调他任上郡太守。以后李广转任边境各郡太守，又调任上郡太守。他曾任陇西、北地、雁门、代郡、云中等地太守，都以奋力作战而出名。

【原文】

匈奴大入上郡，天子使中贵人①从广勒②习兵击匈奴。中贵人将骑数十纵，见匈奴三人，与战。三人还射，伤中贵人，杀其骑且尽。中贵人走广。广曰："是必射雕者也。"广乃遂从百骑往驰三人。三人亡③马步行，行数十里。广令其骑张左右翼，而广身自射彼三人者，杀其二人，生得一人，果匈奴射雕者也。已缚之上马，望匈奴有数千骑，见广，以为诱骑，皆惊，上山陈。广之百骑皆大恐，欲驰还走。广曰："吾去大军数十里，今如此以百骑走，匈奴追射我立尽。今我留，匈奴必以我为大军之诱，必不敢击我。"广令诸骑曰："前！"前未到匈奴陈二里所④，止，令曰："皆下马解鞍！"其骑曰："虏多且近，即有急，奈何？"广曰："彼虏以我为走，今皆解鞍以示不走，用坚

其意。”于是胡骑遂不敢击。有白马将出护其兵，李广上马与十余骑奔射杀胡白马将，而复还至其骑中，解鞍，令士皆纵马卧[5]。是时会暮，胡兵终怪之，不敢击。夜半时，胡兵亦以为汉有伏军于旁欲夜取之，胡皆引兵而去。平旦[6]，李广乃归其大军。大军不知广所之，故弗从。

【注释】

①中贵人：宫中受宠的人。指宦官。

②勒：受约束。

③亡：通“无”。

④二里所：二里左右。所，表示大约的数目。

⑤纵马卧：放开马，然后随意地躺下。

⑥平旦：天刚刚亮。

【译文】

匈奴大举入侵上郡，天子派来一名宦官跟随李广学习军事，抗击匈奴。这位宦官带领几十名骑兵，纵马驰骋，遇到三个匈奴人，就与他们交战。三个匈奴人回身放箭，射伤了宦官，几乎杀光了他带领的那些骑兵。宦官逃回到李广那里，李广说：“这一定是匈奴的射雕能手。”李广于是就带上一百名骑兵前去追赶那三个匈奴人。三个匈奴人没有马，徒步前行，走了几十里。李广命令他的骑兵左右散开，两路包抄。他亲自去射杀那三个人，射死了两个，活捉了一个，果然是匈奴的射雕手。把俘虏捆绑上马之后，远远望见几千名匈奴骑兵。他们看到李广，以为是诱敌之骑兵，都很吃惊，跑上山去摆好了阵势。李广的百名骑兵也都大为惊恐，想回马飞奔逃跑。李广说：“我们离开大军有几十里，照现在这样的情况，我们这一百名骑兵只要一跑，匈奴就要来追击射杀，我们就会立刻被杀光。现在我们留下来不走，匈奴一定以为我们是大军派来诱敌的，必定不敢攻击我们。”李广向骑兵下令道：“前进！”骑兵向前进发，到了离匈奴阵地约二里远的地方，停下来，李广下令说：“全体下马解下马鞍！”骑兵都说：“敌人那么多，并且又离得近，如果有了紧急情况，怎么办？”李广说：“那些敌人原以为我们会逃跑，现在我们解下马鞍表示不逃，这样就能使他们更坚定地相信我们是诱敌之兵。”于是匈奴骑兵不敢来攻击。有一名骑白马的匈奴将领出阵来整理阵容，李广立即上马和十几名骑兵一起奔驰，射死了那个骑白马的匈奴将领，之后又回到自己的骑兵队里，解下马鞍，让士兵们都放开马，随便躺卧。这时天色渐晚，匈奴军队始终觉得他们可疑，不敢进攻。到了半夜，匈奴兵又怀疑汉朝有伏兵在附近想趁夜偷袭他们，就领兵撤离了。第二天早晨，李广才回到他的大营中。大军不知道李广的去向，也没有接应他们。

【原文】

居久之，孝景崩，武帝立，左右以为广名将也，于是广以上郡太守为未央卫尉，而程不识亦为长乐卫尉。程不识故与李广俱以边太守将军屯。及出击胡，而广行无部伍行（háng）陈（zhèn），就善水草屯，舍止，人人自便，不击刀斗[①]以自卫，莫府省约文书籍事，然亦远斥候，未尝遇害。程不识正部曲[②]行伍营陈[③]，击刀斗，士吏治军簿至明，军不得休息，然亦未尝遇害。不识曰：“李广军极简易，然虏卒犯之，无以禁也；而其士卒亦佚[④]乐，咸乐为之死。我军虽烦扰，然虏亦不得犯我。”是时汉边郡李广、程不识皆为名将，然匈奴畏李广之略，士卒亦多乐从李广而苦程不识。程不识孝景时以数直谏为太中大夫。为人廉，谨于文法[⑤]。

【注释】

①刀斗：铜制的军用锅，白天用它做饭，夜里敲它巡更。

②部曲：古代军队编制，将军率领的军队，下有部，部下有曲，曲下有屯。

③营陈：同“营阵”，营地和军队的阵势。

④佚：通“逸”，安逸，安闲。

⑤文法：朝廷制定的条文法令。

【译文】

过了好几年，景帝去世，武帝即位，左右近臣都认为李广是名将，于是李广由上郡太守调任未央宫的禁卫军长官，程不识任长乐宫的禁卫军长官。程不识和李广从前都任边郡太守并兼管军队驻防。到出兵攻打匈奴的时候，李广行军没有严格的队列和阵势，靠近水丰草茂的地方驻扎军队，停宿的地方人人都感到便利，晚上也不打更自卫，幕府简化各种文书簿册，但他远远地布置了哨兵，所以不曾遭到过危险。程不识对队伍的编制、行军队列、驻营阵势等要求很严格，夜里打更，文书军吏处理考绩等公文簿册要到天明，军队得不到休息，但也不曾遇到危险。程不识说：“李广治兵简便易行，然而敌人如果突然进犯他，他就无法阻挡了；而他的士卒倒安逸快乐，都甘心为他拼命。我的军队虽然军务纷繁忙乱，但是敌人也不敢侵犯我。”那时汉朝边郡的李广、程不识都是名将，但是匈奴人害怕李广的胆略，士兵也大多愿意跟随李广而不愿意跟随程不识。程不识在景帝时由于屡次直言进谏被封为太中大夫，为人清廉，谨守朝廷文书法令。

【原文】

后，汉以马邑城诱单于，使大军伏马邑旁谷，而广为骁骑将军，领属护军将军。是时，单于觉之，去，汉军皆无功。其后四岁，广以卫尉为将军，出雁门击匈奴。匈奴兵多，破败广军，生得广。单于素

闻广贤，令曰："得李广必生致之。"胡骑得广，广时伤病，置广两马间，络[①]而盛卧广。行十余里，广佯死，睨其旁有一胡儿骑善马，广暂[②]腾而上胡儿马，因推堕儿，取其弓，鞭马南驰数十里，复得其余军，因引而入塞。匈奴捕者骑数百追之，广行取胡儿弓，射杀追骑，以故得脱。于是至汉，汉下广吏。吏当广所失亡多，为虏所生得，当斩，赎[③]为庶人。

【注释】

①络：绳子编结的网兜。

②暂：突然。

③赎：文中指用财物抵消罪过。

【译文】

后来，汉朝用马邑城引诱单于，派大军在马邑两旁的山谷中埋伏，李广任骁骑将军，属护军将军韩安国统领节制。当时单于发觉了汉军的计谋，就逃跑了，汉军都没有取得战功。四年以后，李广由卫尉升任将军，出雁门关进攻匈奴。匈奴兵多，打败了李广的军队，并生擒李广。单于早就听说李广很有才能，下令说："俘获李广一定要活着送来。"匈奴骑兵俘虏了李广，当时李广受伤生病，就把李广放在两匹马中间，装在绳编的网兜里躺着。走了十多里，李广假装死去，斜眼看到他旁边的一个匈奴少年骑着一匹好马，李广突然纵身跳上匈奴少年的马，趁势把少年推下去，夺了他的弓，打马向南飞驰数十里，找他的残部，带领他们返回关内。匈奴出动几百名追捕的骑兵来追赶他，李广一边逃一边拿匈奴少年的弓射杀追来的骑兵，终于得以逃脱。回到汉朝京城，朝廷把李广交给执法官吏。执法官判决李广损失伤亡太多，他自己又被敌人活捉，应该斩首，李广用钱物赎了死罪，削职为民。

【原文】

顷之，家居数岁。广家与故颍阴侯孙屏野居蓝田南山中射猎。尝夜从一骑出，从人田间饮。还至霸陵亭，霸陵尉醉，呵止广。广骑曰："故李将军。"尉曰："今将军尚不得夜行，何乃故也！"止广宿[①]亭下。居无何，匈奴入杀辽西太守，败韩将军，后韩将军徙右北平。于是天子乃召拜广为右北平太守。广即请霸陵尉与俱，至军而斩之。

广居右北平，匈奴闻之，号曰"汉之飞将军"，避之数岁，不敢入右北平。

广出猎，见草中石，以为虎而射之，中石没镞[②]，视之石也。因复更射之，终不能复入石矣。广所居郡闻有虎，尝自射之。及居右北平射虎，虎腾伤广，广亦竟射杀之。

【注释】

①宿：过夜。

②镞（zú）：箭头。

【译文】

转眼间，李广在家已闲居数年。李广家和已故颍阴侯灌婴的孙子灌彊一起隐居在蓝田，常到南山中打猎。曾在一天夜里带着一名骑马的随从外出，和别人一起在田野间饮酒。回来时走到霸陵亭，霸陵亭尉喝醉了，大声呵斥，禁止李广通行。李广的随从说："这是前任李将军。"亭尉说："现任将军尚且不许通行，何况是前任呢！"便扣留了李广，让他宿在霸陵亭下。没过多久，匈奴入侵杀死辽西太守，打败了韩将军

（韩安国），后来韩将军迁调右北平。于是天子就召见李广，任他为右北平太守。李广随即请求派霸陵尉一起赴任，到了军中就把他杀了。

李广镇守右北平，匈奴听说后，称他是“汉朝的飞将军”，躲避了他很多年，不敢侵犯右北平。

李广外出打猎，看见草中有一块石头，以为是老虎就射了过去，箭头射进了石头里，过去一看，才发现是石头。于是重新再射，却始终无法再射进石头里。李广镇守各郡时，只要听说有老虎，就常常亲自去射杀。在镇守右北平时，有一次射虎，老虎跳起来抓伤了李广，李广最终也射死了老虎。

【原文】

广廉，得赏赐辄分其麾下，饮食与士共之。终广之身，为二千石四十余年，家无余财，终不言家产事。广为人长，猨（yuán）臂，其善射亦天性也，虽其子孙他人学者，莫能及广。广讷口[①]少言，与人居则画地为军陈，射阔狭以饮[②]。专以射为戏，竟死。广之将兵，乏绝[③]之处，见水，士卒不尽饮，广不近水，士卒不尽食，广不尝食。宽缓不苛，士以此爱乐为用。其射，见敌急，非在数十步之内，度不中不发，发即应弦而倒。用此，其将兵数困辱，其射猛兽亦为所伤云。

【注释】

①讷口：说话迟钝，口拙。

②这句的意思是，比赛射军阵图，射中窄的行列为胜，射中宽的行列及不中都为负，负者罚酒。阔狭，指上句所说在地上画的军阵图中，有的行列宽，有的行列窄。

③乏绝：指缺水断粮。

【译文】

李广为官清正廉洁，得到赏赐就必定分给部下，饮食总与士兵在一起。李广终其一生，担任二千石俸禄的官共四十多年，但家中一点多余的财物都没有，并且始终都不谈及家产方面的事。李广身材高大，两臂长如猿，天生善射。虽然他的子孙或外人向他学习，但终没有人能赶上。李广口舌迟钝，很少说话，与别人在一起时就在地上画军阵，接着比赛谁射箭射得准，谁输了就罚酒。他只以射箭为娱乐方式，一直到死。李广带兵，赶上缺粮断水时，一见到水，只要士兵还没有喝到水，他就绝不靠近水；只要士兵还没有吃上饭，他就一口也不吃。李广对士兵宽厚而不苛刻，士兵因此都十分爱戴他，乐于为他效命。李广射箭有个习惯，每逢遇到敌人，如果不在数十步之内，估计无法射中就不射。只要射出，敌人就会立刻随弓弦之声倒地。因此，他领兵有很多次都被困受辱，射猛兽也曾被猛兽所伤。

【原文】

居顷之，石建卒，于是上召广代建为郎中令。元朔六年，广复为后将军，从大将军军出定襄，击匈奴。诸将多中首虏率①，以功为侯者，而广军无功。后二岁，广以郎中令将四千骑出右北平，博望侯张骞将万骑与广俱，异道。行可数百里，匈奴左贤王将四万骑围广，广军士皆恐，广乃使其子敢往驰之。敢独与数十骑驰，直贯胡骑，出其左右而还，告广曰："胡虏易与耳。"军士乃安。广为圜②陈外向，胡急击之，矢下如雨。汉兵死者过半，汉矢且尽。广乃令士持满毋发，而广身自以大黄③射其裨将，杀数人，胡虏益解。会日暮，吏士皆无人色，而广意气自如，益治军。军中自是服其勇也。明日，复力战，而博望侯军亦至，匈奴军乃解去。汉军罢，弗能追。

是时广军几没，罢归。汉法，博望侯留迟后期，当死，赎为庶人。广军功自如，无赏。

【注释】

①首虏率：斩杀敌人首级和俘获敌人的数量规定。汉朝制度，凡达到规定数量的即可封侯。

②圜（yuán）：通“圆”。

③大黄：汉朝时的一种弓弩名，力量很大。

【译文】

没过多久，石建死了，皇上召令李广替代石建出任郎中令。元朔六年，李广又被任命为后将军，跟随大将军卫青的军队从定襄出塞，抗击匈奴。许多将领斩杀的敌人首级达到了规定的数量，于是以战功被封侯，而李广的军队却没有战功。过了两年，李广以郎中令的身份率领四千骑兵从右北平出塞，博望侯张骞率领一万骑兵与李广一起出征，各行一路。走了几百里，匈奴的左贤王率领四万骑兵包围了李广，李广的士兵都十分惊恐，李广就派他的儿子李敢向匈奴军中冲了过去。李敢独自带领几十名骑兵飞奔，径直穿过了匈奴骑兵的包围圈，又从敌人的左右两翼冲了回来，报告李广说：“敌人很容易对付啊！”这样才将军心稳定下来。接着李广布成圆形兵阵，命令士兵都面向外，匈奴的攻击十分猛烈，箭如雨下。汉兵死亡过半，箭也快用尽了。李广命令士兵把弓拉满，但不要放箭，李广亲自用大黄弩弓射向匈奴的副将，杀了好几个人，匈奴的攻击才逐渐减弱。这时天黑了，军吏士兵都面无人色，只有李广神态自若，更加注意整顿军队。军中从此更加佩服他的勇敢。第二天，李广军又开始奋力抗敌，此时博望侯的军队赶到，于是匈奴军队便解除包围散去了。汉军疲惫不堪，所以不能继续追击。当时李广军几乎全军覆没，只好收兵回朝。依照汉朝的法律，博望侯行军迟缓，未能在规定的时间内到达，应该处以死刑，他用钱赎罪成了平民。李广则功过相抵，没有封赏。

【原文】

初，广之从弟李蔡与广俱事孝文帝。景帝时，蔡积功劳至二千石。孝武帝时，至代相。以元朔五年为轻车将军，从大将军击右贤王，有功中率，封为乐安侯。元狩二年中，代公孙弘为丞相。蔡为人在下中，名声出广下甚远，然广不得爵邑，官不过九卿，而蔡为列侯，位至三公。诸广之军吏及士卒或取封侯。

后二岁，大将军、骠骑将军①大出击匈奴，广数自请行。天子以为老，弗许；良久乃许之，以为前将军。是岁，元狩四年也。

广既从大将军青击匈奴，既出塞，青捕虏知单于所居，乃自以精兵走之，而令广并于右将军军，出东道。东道少回远，而大军行水草少，其势不屯行②。广自请曰："臣部为前将军，今大将军乃徙令臣出东道，且臣结发③而与匈奴战，今乃一得当单于，臣愿居前，先死单于。"大将军青亦阴受上诫，以为李广老，数奇④，毋令当单于，恐不得所欲。而是时公孙敖新失侯，为中将军从大将军，大将军亦欲使敖与俱当单于，故徙前将军广。

广时知之，固自辞于大将军。大将军不听，令长史封书与广之莫府，曰："急诣部，如书。"广不谢大将军而起行，意甚愠怒而就部，引兵与右将军食其合军出东道。军亡导，或失道，后大将军。大将军与单于接战，单于遁走，弗能得而还。南绝幕⑤，遇前将军、右将军。广已见大将军，还入军。大将军使长史持糒⑥醪遗广，因问广、食其失道状，青欲上书报天子军曲折。广未对，大将军使长

史急责广之莫府对簿。广曰："诸校尉无罪，乃我自失道。吾今自上簿。"

【注释】

①骠骑将军：古代将军的名号。这里指霍去病。

②屯行：并队行进。屯，聚集。

③结发：指束发。古代男子到十五岁时束发，此处泛指少年或青年时。

④数奇：命运不好。数，命运。奇，单数。古代占卜以得偶为吉，奇为不吉。

⑤幕：通"漠"，沙漠。

⑥糒（bèi）：干粮。

【译文】

当初，李广的堂弟李蔡与李广一起侍奉汉文帝。到了景帝时，李蔡累积功劳，官秩达到二千石。武帝时，李蔡担任代王的丞相。元朔五年，李蔡被任命为轻车将军，随从大将军卫青攻打匈奴右贤王时立下战功，符合军中首虏率的律令，被封为乐安侯。元狩二年，李蔡接替公孙弘为丞相。李蔡的品行处于下品，名气和声望都远远比不上李广，而李广始终没有得到爵位和封邑，官职没超过九卿，李蔡却被封为列侯，位至三公。李广属下的军官和士兵，也有人得到了侯爵之封。

两年后，大将军卫青、骠骑将军霍去病率大军进攻匈奴，李广多次请求随军出征。武帝觉得他太老了，不同意；过了好久才同意，任命他为前将军。这一年，是元狩四年。

李广随从大将军卫青攻打匈奴，出塞之后，卫青从捕获的俘虏口中知道了单于的驻地，于是亲自率领精锐径直杀向单于的营地，命令李广与右将军的队伍合并在一起，从东道出击。东道迂回遥远，水草匮乏，不适合大军宿营和行军。李广主动请求说："我身为前将军，大将军却命令我从东道出击，我李广年少时就开始与匈奴打仗，直到今天才有了与单于对阵的机会，我愿意当前锋，先和单于决一死战。"武帝曾经私下里告诫大将军卫青，李广年事已高，一生遇事不顺，不能让他跟单于直接对阵，恐怕他得不到他所期望的。当时公孙敖刚刚失去了侯位，被任命为中将军随从大将军出征，大将军想让公孙敖与自己一道与单于对阵，所以调走前将军李广。李广知道了这件事，坚决向大将军推辞，不肯走东道。大将军不听，下令长史封好文书后随李广一起回幕府，并对李广说："请你马上按照命令到右将军军部报到！"李广非常气愤，没有向大将军辞谢就起身走了，满腔怒气回到自己的军部，率领军队与右将军赵食其的部队合并，从东道出发。行军途中失去了向导，迷失了方向，延误了和大将军会师的日期。大将军与单于交战，单于逃走了，没有抓到单于，大将军下令班师回朝。南归途中路过沙漠时，才跟前将军、右将军的部队会合。李广谒见大将军后回到自己的军中。大将军派长史送来干粮与酒浆慰劳李广，同时询问李广、赵食其迷路的情况，以便上书武帝报告作战经过。李广置之不理，大将军命令长史责令李广的部下交待事实。李广说："我部下的校尉都没有罪，军队迷失道路是我自己的责任，我自己去听审受质。"

【原文】

至幕府，广谓其麾下曰："广结发与匈奴大小七十余战，今幸从大将军出接单于兵，而大将军又徙广部行回远，而又迷失道，岂非天哉！且广年六十馀矣，终不能复对刀笔之吏[①]。"遂引刀[②]自刭。广军士大夫一军皆哭。百姓闻之，知与不知，无老壮皆为垂涕。

【注释】

①刀笔之吏：主管文案的官吏。古人称这种人笔利如刀，能够伤人。

②引刀：拔刀。

【译文】

李广回到自己的幕府，对部下说："我年少时就跟匈奴作战，大小战役打了七十多次，这次有幸跟随大将军与单于交战，但是大将军又强令我军迂回绕远，偏偏迷失了道路，这不是天意吗！况且我今年已经六十多岁，不能再去跟刀笔吏对质了。"说完，拔刀自刎而死。全军将士人人都哭了。老百姓听到他的死讯，无论认识他的还是不认识他的，也无论是老人还是年轻人，没有一人不为他落泪。

名师点评

李广是骁勇善战、智勇双全的英雄。他一生与匈奴作战七十余次，以少胜多，险中取胜，以至匈奴人闻名丧胆，称其为"飞将军"。此外，李广还是一位体恤士卒的将领，他在战斗中身先士卒，在生活中先人后己，深受将士们的爱戴。李广身上体现出的精神品质，为无数后人铭记和赞叹。

这位屡建战功、备受士卒爱戴的名将，终其一生未得封侯，最后还不得不以自刎结束自己几十年的征战生涯。其悲剧命运，让人扼腕叹息。

延伸/阅读

封狼居胥

"封狼居胥"的典故，出自汉武帝元狩四年（公元前 119 年）春，汉武帝命卫青、霍去病各自统领五万大军，分别从定襄、代郡出发，深入漠北，寻歼匈奴主力。霍去病率军北进两千多里，越过离侯山，渡过弓闾河，与匈奴左贤王部接战，歼敌七万人，俘虏匈奴屯头王、韩王等三人及将军、相国、当户、都尉等八十三人，乘胜追杀至狼居胥山（今蒙古国境内肯特山），在狼居胥山举行了祭天封礼，在姑衍山（今蒙古国的宗莫特博克多乌拉山）举行了祭地禅礼，兵锋一直逼至瀚海（贝加尔湖）。这一战史称“漠北战役”，使“匈奴远遁，漠南无王庭”。而霍去病封狼居胥，成为后世武将的最高荣誉与骄傲，作为对将军最大战功的旌表。

学海/拾贝

- ☆ 惜乎，子不遇时！如令子当高帝时，万户侯岂足道哉！
- ☆ 李广才气，天下无双，自负其能，数与虏敌战，恐亡之。
- ☆ 彼虏以我为走，今皆解鞍以示不走，用坚其意。
- ☆ 广出猎，见草中石，以为虎而射之，中石没镞，视之石也。
- ☆ 士卒不尽饮，广不近水，士卒不尽食，广不尝食。